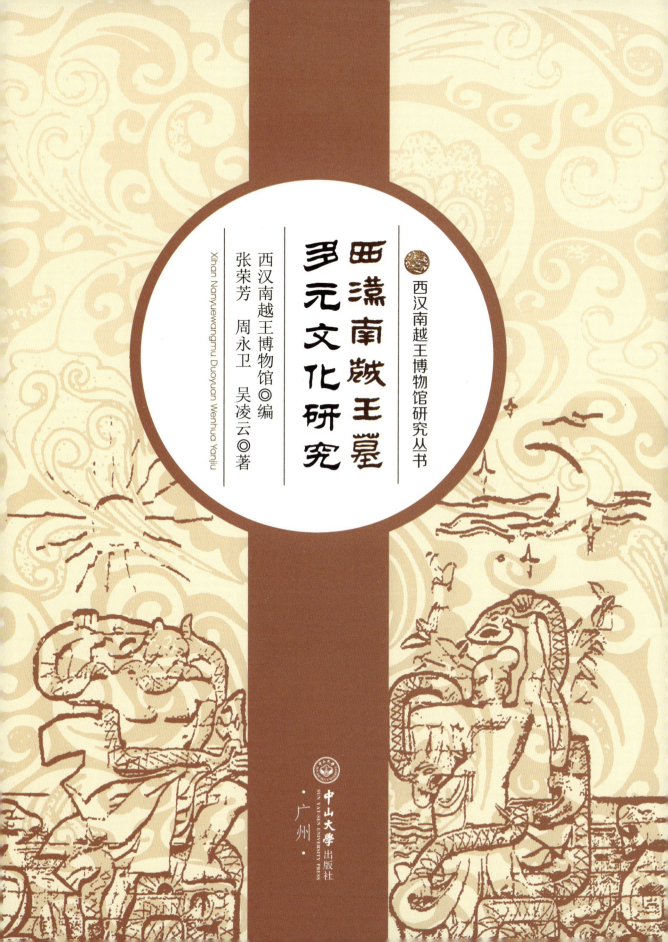

西汉南越王墓多元文化研究

西汉南越王博物馆 编
张荣芳　周永卫　吴凌云 著

西汉南越王博物馆研究丛书

中山大学出版社
·广州·

版权所有 翻印必究

图书在版编目（CIP）数据

西汉南越王墓多元文化研究 / 西汉南越王博物馆编；张荣芳，周永卫，吴凌云著 . —广州：中山大学出版社，2015.11

（西汉南越王博物馆研究丛书）

ISBN 978-7-306-05504-0

Ⅰ . ①西⋯　Ⅱ . ①西⋯　②张⋯　③周⋯　④吴⋯　Ⅲ . ①汉墓—考古发现—广州市—西汉时代　②南越（古族名）—民族文化—文化研究　Ⅳ . ① K878.84　② K289

中国版本图书馆CIP数据核字（2015）第 255374 号

出 版 人：	徐　劲
责任编辑：	王延红　张红艳
封面设计：	林绵华
装帧设计：	林绵华
责任校对：	陈俊婵
责任技编：	黄少伟
封面字体：	繁体字为汉简辑字
出版发行：	中山大学出版社
电　　话：	编辑部 020-84111997，84110779
	发行部 020-84111998，84111981，84111160
地　　址：	广州市新港西路135号
邮　　编：	510275　　传　真：020-84036565
网　　址：	http://www.zsup.com.cn　E-mail:zdcbs@mail.sysu.edu.cn
印 刷 者：	佛山市浩文彩色印刷有限公司
规　　格：	787mm×1092mm　　1/16　　11印张　　200千字
版次印次：	2015年11月第1版　2015年11月第1次印刷
定　　价：	68.00元

如发现本书因印装质量影响阅读，请与出版社发行部联系调换

西汉南越王博物馆研究丛书

顾　　问：麦英豪

编委会

主　　任：吴凌云
委　　员：黄洪流　林冠男　王维一　何东红
　　　　　胡在强　李秋晨　崔亚平　李　妍

目录

前言 \ 1

第一章 南越国的历史地位 \ 1
一 汉治理南越国的模式 \ 5
二 汉治理南越国的模式探源 \ 10
三 经济发展的新阶段 \ 14
四 南越国时期岭南文明的形成 \ 29

第二章 世所罕见的出土文物 \ 31
一 印玺 \ 34
二 玉器 \ 43
三 铜器 \ 56
四 铁器 \ 61
五 陶器 \ 64
六 玻璃牌饰 \ 67

第三章 岭南文化的多元性和兼容性（上）\ 69
一 秦汉时期文化区域的划分 \ 71
二 秦文化因素遗物 \ 75

第四章 岭南文化的多元性和兼容性（下）\93

三 巴蜀文化因素遗物\81
四 匈奴文化因素遗物\84
五 南越文化因素遗物\95
六 吴越文化因素遗物\109
七 齐鲁文化因素遗物\113
八 楚文化因素遗物\115
九 反映多种文化因素的单件遗物\120
十 南越国时期多元文化融汇的根源和对岭南文化的影响\123

第五章 海外文化遗物\127

一 银盒\130
二 焊花金珠泡\136
三 象牙\138
四 乳香\144

参考文献\151

附 录\159

前言

近二三十年来,广州发现西汉南越国遗迹多处。其中1983年6月,在广州象岗发现的南越国第二代王赵眜(又名赵胡,公元前137—前122年在位)墓葬,是一处重要遗迹。该墓出土1000余件(套)文物,为中国汉代考古的重大发现。该墓与已发掘的汉初诸侯王墓比较,有其特殊价值:是岭南最早的石室彩绘壁画墓;墓主在《史记》《汉书》中有传记,史事清楚,年代精确,为岭南地区考古学确立了断代标尺;未被盗掘,保存完好,是科学发掘,因而对科学研究具有特别重要的价值;发掘后,在原地建立了"西汉南越王博物馆",对古墓加以保护、利用和开发。

1991年10月,文物出版社出版了《西汉南越王墓》发掘报告,公布了全部材料,在国内引起强烈反响,研究南越国史、南越王墓的论著不断出现,把秦汉时期岭南地区历史的研究推向新的高潮。

广东地处岭南,是岭南文化的发祥地。岭南文化源远流长,它是在土著文化的基础上,接受中原及各地优秀文化,并吸收海外文化精华,从而形成自己特色的本地区文化。岭南文化在其形成过程中,显示出兼收并蓄、勇于开拓、大胆革新、讲究实用的特点。研究历史,固然要靠传世的文献资料,但考古出土文物也是我们研究历史的重要资料。尤其是秦汉时期的岭南,文献资料十分缺乏,考古资料因而显得特别重要。本书就是通过南越文王赵眜墓出土的资料,并结合文献记载,研究岭南文化特色的专著。

本书原是2002年3月广州市文化局、南越国遗迹申报世界文化遗产工作领导小组办公室下达的"广州南越国遗迹申报世界文化遗产研究课题"之一。按照列入世界文化遗产所依据的标准，该墓出土的一些文物，属于"标准一"，即"代表人类创造天才的一种杰出作品"；或"标准三"，即"为一种现存的或已消失的文化传统或文明提供独一无二的或至少是特别的见证"。通过研究，我们可以负责任地说，西汉南越王墓是岭南文化特点之多元性、兼容性的历史见证。

本书第一章由张荣芳负责，第二章由吴凌云负责，第三、四章由周永卫、吴凌云负责，第五章由周永卫负责。初稿写出之后，由周永卫负责统稿，最后由张荣芳修改审定。课题组的负责人是张荣芳。

本书原为2011年由广东人民出版社出版，广州南越国遗迹申报世界文化遗产工作领导小组办公室编的《南越国遗迹研究》中的一个部分。该书出版后，读者对南越王墓多元文化甚感兴趣，因此，特将此部分内容加以扩展，将配图换成高清彩图，并独立成书，以答谢广大读者的厚爱；并希望读者通过南越王墓的多元文化研究，更全面地了解岭南历史文化。

第一章 南越国的历史地位

西汉实行郡国并行制，即郡县制与封国制并行存在。西汉立国后，刘邦先后封异姓功臣为王，共有八国。一是韩王信，二是赵王张耳，三是楚王韩信，四是梁王彭越，五是淮南王黥布（即英布），六是燕王臧荼，七是燕王卢绾，八是长沙王吴芮。以上异姓诸侯王，有6个皆因谋反的罪名而被诛或逃亡。张耳以智慧得以保全，至其子时也失国；长沙王吴芮因势力弱小无罪得以自保，后嗣传国至汉文帝后元七年（公元前157年），才因无嗣国绝。对于异姓诸侯王的兴亡，《汉书·韩彭英卢吴传》"赞"做了如下概括：

  昔高祖定天下，功臣异姓而王者八国。张耳、吴芮、彭越、黥布、臧荼、卢绾与两韩信，皆徼一时之权变，诈力成功，咸得裂土，南面称孤。见疑强大，怀不自安，事穷势迫，卒谋叛逆，终于灭亡。张耳以智全，至子亦失国。唯吴芮之起，不失正道，故能传号五世，以无嗣绝……

刘邦先后用七年时间，基本上削平异姓王国，维护了西汉统一的局面。但是在消灭异姓王之后，他又分封同姓为王，即所谓"封王子弟，大启九国"：一是楚元王刘交，二是齐悼惠王刘肥，三是荆王刘贾，四是赵隐王刘如意，五是淮南王刘长，六是淮阳王刘友，七是梁王刘恢，八是代王刘喜，九是燕王刘建。以上九国加上异姓长沙王吴芮，合计十国。

为什么刘邦如此大封同姓诸侯王呢？如果说对异姓王的分封是迫不得已的话，那么，对同姓王的分封，则完全出于自愿，是为了维护汉朝的统治。刘邦总结秦朝短促灭亡的经验教训，认为秦代二世而亡是由于没有分封子弟为王。《汉书·高五王传》"赞"曰："以海内初定，子弟少，激秦孤立亡藩辅，故大封同姓，以镇天下。"刘邦分封同姓王是主动的、自愿的，是想用同姓诸侯王屏卫汉室，以维护长期而稳定的统治。

西汉初期的南越国，与以上异姓王、同姓王都有所不同。它是秦统一岭南时的功臣赵佗利用秦末汉初天下大乱的形势，据岭南而称王，建立的王国。《史记·南越列传》对赵佗建立南越国有较详细的记载：

南越王赵佗者，真定人也，姓赵氏。秦时已并天下，略定杨越，置桂林、南海、象郡，以谪徙民，与越杂处十三岁。佗，秦时用为南海龙川令。至二世时，南海尉任嚣病且死，召龙川令赵佗语曰："闻陈胜等作乱，秦为无道，天下苦之，项羽、刘季、陈胜、吴广等州郡各共兴军聚众，虎争天下，中国扰乱，未知所安，豪杰畔秦相立。南海僻远，吾恐盗兵侵地至此，吾欲兴兵绝新道，自备，待诸侯变，会病甚。且番禺负山险，阻南海，东西数千里，颇有中国人相辅，此亦一州之主也，可以立国，郡中长吏无足与言者，故召公告之。"即被佗书，行南海尉事。嚣死，佗即移檄告横浦、阳山、湟谿关曰："盗兵且至，急绝道聚兵自守。"因稍以法诛秦所置长吏，以其党为假守。秦已破灭，佗即击并桂林、象郡，自立为南越武王。高帝已定天下，为中国劳苦，故释佗弗诛。汉十一年，遣陆贾因立佗为南越王，与剖符通使，和集百越，毋为南边患害，与长沙接境。

《汉书·南粤传》记载与此大体相同。根据《史记》《汉书》的记载，赵佗立国，建都于番禺，传五世九十三年而亡，立国将近一个世纪。其疆域：向东与闽越相接，抵进福建西部的安定、平和、漳浦；向北主要以五岭为界，与长沙国相接；向西到达今之广西百色、德保、巴马、东兰、河池、环江一带，与夜郎、句町等国毗邻；其南则抵达越南北部，南濒南海[①]。在如此广阔的土地上统治了将近一个世纪的南越国，在岭南的历史上，乃至中国的历史上都有其独特的、重要的地位。那汉朝中央政府是怎样治理南越国的呢？

南越王墓出土金、铜、玉、绿松石等质料的印玺共23枚。墓主贴身随葬的有9枚，分盛于3个小漆盒中，置于胸部的有"文帝行玺"金印和两枚无字玉印；置于胸腹之间的有"泰子"金印和"泰子"玉印及一枚无字玉印；腹部的有"帝印"玉印、"赵眜"玉印及一枚无字绿松石印，印文皆阴刻篆书。这些印章为确定墓主身份、姓名及墓葬的年代提供了确切的物证。其余的印章如"景巷令印"铜印、"右夫人玺"金印等为我们了解南越国的百官制度、殉葬制度等提供了极为重要的实物资料。

---

① 参阅张荣芳、黄淼章：《南越国史》，广东人民出版社1995年版，第68～86页。

一 汉治理南越国的模式

南越国与西汉初年所封的其他诸侯国相比，有其相当的特殊性：一方面，赵佗虽自立为王，但后来刘邦派陆贾出使，赵佗接受了汉王朝的册封，成了汉朝的诸侯王国，隶属于中央王朝；另一方面，赵佗虽受册封，不仅"入贡中原"，而且"遣使入朝请"，但在国内仍然"称制与中国侔"，独立性很大。这一特点决定了南越国政治制度的特征。一方面，南越国是沿秦在岭南设的三郡旧地而建，其开国之君赵佗亦为秦原南海郡尉。汉朝建立后不久，南越国又臣属汉朝。因此，其政治制度必然承袭秦汉。另一方面，南越国域内聚居着百越民族，民族关系十分复杂，汉文帝曾经致书赵佗，表示赞同"服领（五岭）以南，王自治之"①。这就决定了南越国可以根据不同情况，自行决定一些制度或措施，故其有一定的独立性。

就其承袭秦汉制度而言，举其要者有如下数端：

郡国并行制。汉初实行郡国并行制。赵佗仿汉制，在南越国内亦实行郡国并行制。根据文献记载和考古材料可知，南越国设的郡是秦于始皇三十三年（前214年）"略取陆梁地，为桂林、象郡、南海"②三郡的延续。仍设南海郡、桂林郡，取消象郡，而于其地设交趾、九真二郡③。南海郡下设的县，可考的有番禺、龙川、博罗、揭阳、浈阳、含洭等数

---

① 《汉书·西南夷两粤朝鲜传》。
② 《史记·秦始皇本纪》。
③ 《史记·南越列传》索隐引《广州记》。

县。桂林郡下设的县，可考的有布山、四会等。交趾、九真二郡下设的县，除象林县之外，其余的不见于记载。南越国除行郡县制之外，还仿汉朝分封王侯，据文献记载，有苍梧王赵光、西于王、高昌侯赵建德。此外，根据考古材料，南越国内还有下列王侯：1979年4月，广西贵县罗泊湾二号汉墓中，出土了"夫人"玉印及"家啬夫印"封泥，根据出土文物推测，墓主生前可能是南越国分封于桂林郡的相当于侯一级的官员的配偶①；1980年，在广西贺县金钟一号汉墓中，出土有"左夫人印"玉印，从墓葬的规模推测，等级类似侯王，该墓的男主人可能是南越国分封于当地的相当于王侯一级的官员②；至于广西贵县罗泊湾一号汉墓墓主的身份，学术界还存在争议，或以为是中原南下的将领，是桂林郡的郡守、尉③，或以为是南越国册封为王侯的骆越族首领④。所以，根据文献和考古资料，南越国分封的王侯至少有五六个。郡县制和分封制并行，是西汉统治者针对汉初形势而首创的制度，它对汉初安定社会，发展经济起了一定的作用。南越国仿此在岭南实行这一制度，也起到了相同的作用。

职官制度。南越国仿照汉朝建立起一套从王国中央到地方王侯的体系庞大的官职体制系统。南越国中央设有丞相、内史、御史、中尉、太傅等职位，也设有郎、中大夫、将、将军、左将、校尉、食官、景巷令、私府、私官、乐府、泰官、居室、长秋居室、大厨、厨官、厨臣、常御、少内等文武百官。南越国地方王侯官职中可考者有假守、郡监、使者、县（令）长、啬夫等。南越国的官制以仿中原汉制为主，同时又根据实际情况，设置一些特别的官署。这一特点与南越国政治制度的总体特征是一致的。

汉初统治者要求南越国在实行与汉王朝大体相同的政治制度的前提下，根据南越国是多民族聚居之地的特点，可以实行一些相对独立的制度和民族政策。

首先，南越国拥有一支包括步兵、舟兵和骑兵在内的军队。

这支军队的数量，赵佗自夸"带甲百万有余"⑤，虽然不一定有那么多，但从汉武帝平南越时，共发"南方楼船卒二十余万人击南越"⑥的记载来看，南越国的军队应有数十万之

---

① 广西壮族自治区文物工作队：《广西贵县罗泊湾二号汉墓》，载《考古》1982年第4期。
② 广西壮族自治区文物工作队等：《广西贺县金钟一号墓》，载《考古》1986年第3期。
③ 蒋廷瑜：《贵县罗泊湾汉墓墓主族属的再分析》，载《学术论坛》1987年第1期。
④ 蓝日勇：《试论罗泊湾一号墓墓主身份及族属》，载《广西民族研究》1986年第2期。
⑤ 《汉书·西南夷两粤朝鲜传》。
⑥ 《史记·平准书》。

众。而广州象岗南越文王墓出土错金铭文"王命命车徒"虎节，证明南越王可以自行调遣这支军队。南越国不用汉帝纪年，而用南越王纪年。南越文王墓出土了一套句鑃，皆阴刻有篆书"文帝九年乐府工造"从第一到第八的序号①，据查，南越文王九年为汉武帝元光六年（前129年），表明南越国不用汉纪年，而用南越王的纪年。这是南越国"自治"的一个证明。

其次，南越国实行以"故俗"治国的特殊政策。

汉朝给南越国以免征赋税的优待，汉武帝初年，仍然是"以其故俗治，毋赋税"②。第二代南越王赵眜（胡）墓中殉葬者十五人，第三代南越王婴齐则"尚乐善杀生自恣""惧用汉法"，直到第四代王赵兴时，才"除其故黥、劓刑，用汉法"③。此表明南越国保留了越人的许多"故俗"，这是南越国"自治"的另一明证。

第三，根据南越国民族众多的特点，采取了许多特殊的民族政策。

在南越国境内生活的民族，除了数十万中原移民之外，主要是土著居民——越族。但越族"各有种姓"④，支系众多，所以文献中的记载不尽相同。见诸史书的有"百越""扬越""外越""陆梁"等。这四个词在史籍中皆有岭南越族或岭南地区的含义，是一个泛指。至于汉代岭南地区的越族有哪几个具体的部落，著名民族学家林惠祥早在20世纪30年代就指出："越以百称，明其种类之多"，而"汉有瓯越、闽越、南越、骆越"⑤，明确指出汉代时生活在岭南的越族部落有上述四个，除闽越外，其余三个都生活在南越国境内。大体说来，南越族聚居于今广东北、中部一带，今广西东部地区也有一些。西瓯族主要生活在今广西西江中游及灵渠以南的桂江流域。越南史学家陶维英认为，除了上述地区外，今越南的泸江、锦江、求江、商江上游地区，也有西瓯族居住⑥。骆越族分布于西瓯族的西部和南部，即今广西的左、右江流域，越南的红河三角洲及贵州省的西南部。南越国境内的民族众多，所以实行符合实际情况的民族政策是十分重要的。赵佗吸取秦朝屠睢和任嚣在越统治的经验和教训，制定了比较切合实际的制度和民族政策，获得了极大的成功。这些民族

---

① 广州市文物管理委员会等编：《西汉南越王墓》（上），文物出版社1991年版，第40~42页。
② 《汉书·食货志下》。
③ 《汉书·西南夷两粤朝鲜传》。
④ 《汉书·地理志》。
⑤ 林惠祥：《中国民族史》，上海文艺出版社1990年影印本，第111页。
⑥ ［越］陶维英：《越南历代疆域》，钟民岩译，商务印书馆1973年版，第45页。

政策具体可以概括为以下四项:

一是吸收越人进入政权,以越制越。

赵佗建立南越国时,以中原汉人为主要依靠力量,即"中国人相辅"。但要使南越国能长治久安,必须取得土著居民——越人的认同。因此,赵佗第一步就是争取越人上层集团的承认,吸收其进入政权,使其利益与南越国统治集团的利益相一致。在这种思想指导下,许多越人被吸收到南越国政权中来,如吕嘉,清屈大均《广东新语》中说:"嘉本越人之雄,尉佗得之,因越人之所服而相之,而南越以治。"① 赵佗拜吕嘉为丞相,并以其弟为将军,吕氏家族中许多人得以担任官职。以吕嘉任丞相为契机,越人的上层贵族纷纷表示对南越国的支持,一些部族的领袖相继被吸收到南越国政权中来,或被册封为王侯,如西于王;或被任命为文武官员,如瓯骆左将军黄同、桂林监居翁、越郎都稽等。南越国的这一政策,使越人上层集团的利益与南越国统治集团的利益相一致,消除了他们的疑虑,对南越国政权产生认同感,获得成功的统治效果,达到了以越制越的目的。

二是入境随俗,遵从越人风俗习惯,使汉越人民和睦相处。

越族在其历史发展过程中逐渐形成了独特的文化体系和风俗习惯,如喜食蛇蚌、断发文身、椎结箕倨、干栏而居、水处行舟、巫祝盛行、使用鸡卜等。对于越族的风俗习惯,如果不加以尊重,轻蔑地否定,必然会伤害越族人民的感情。如果遵从之,则会使汉越人民互相了解、和睦相处。赵佗居越多年,对此很有体验。他入境随俗,按越族的风俗习惯生活,俨然以"蛮夷大长老夫"自居②。当他第一次接见汉使陆贾时,"弃冠带",即不用汉朝的"冠带之制",而用越族的"椎结箕倨"之俗见陆贾。据《史记·陆贾列传》索隐曰:"椎结","谓为髻一撮似椎而结之","谓夷人本被发左衽,今他(佗)同其风俗,但椎其发而结之"。"箕倨",就是席地交股而坐,这也是越族的习惯。赵佗后来对陆贾歉称"居蛮夷中久,殊失礼仪"③,说明赵佗实际上是一个越化的汉人或汉裔越人。在赵佗的带动和提倡下,居住南越国的中原汉人遵从越人的风俗习惯,蔚然成风,大大削弱了民族间的隔阂,有利于稳定统治秩序。

三是大力提倡汉越通婚,促进民族融合。

---

① 李育中等注:《广东新语注》,广东人民出版社1991年版,第418页。
② 《史记·南越列传》。
③ 《史记·郦生陆贾列传》。

自古以来，民族间通过联姻消除隔阂，建立和睦关系，这是一条重要的历史经验。赵佗吸取这一历史经验，在南越国大力提倡汉越通婚。吕嘉家族中"男尽尚王女，女尽嫁王子弟宗室"①，吕氏家族与苍梧秦王赵光也有结亲。第三代南越王赵婴齐也娶越女为妻，并生子赵建德。南越国的下级官吏、兵卒及其他中原汉人与越族的通婚应更为普遍，尤其是南下的数十万秦兵，除了极少部分与中原派来的一万五千名女子组建家庭外，大部分士卒当主要与土著越族通婚。汉越通婚，大大促进了民族的融合。

四是因地制宜，让部分越人"自治"。

越族支系众多，各部越人社会经济发展极不平衡，其势力亦参差不齐。针对这些不同情况，赵氏政权因地制宜，采取一些灵活变通的政策，让一部分人"自治"。赵佗兼并象郡之后，取消象郡之名，于其地置九真、交趾二郡。交趾一带，越族部落势力十分强大，有严密的部落组织，赵佗仅派二使者前往"典主"②；同时又在交趾地区分封了一位"西于王"，这位"西于王"，正是杀死秦将屠睢的原西瓯君译吁宋的后裔③，在西瓯族中有着崇高的声望及广泛影响，赵氏政权封之为王，以安抚之策让其"自治"，加强了对西瓯地区的控制。

由此可见，西汉中央王朝治理南越国的模式，就是考虑到南越国境内民族众多的特点，要求臣属中央王朝的同时，又保持其相对独立性，正如汉文帝致赵佗书中所说的"服领（岭）以南，王自治之"。赵佗在南越国的统治，也仿照西汉王朝对其的治理模式，在境内的一些民族复杂的地区，封少数民族的首领为王、侯，让其"自治"。这种治理模式，稳定了岭南的政治局面，不仅"和集百越"，使得岭南"粤人相攻击之俗益止"，同时，也使"中县人以故不耗减"④。这为岭南地区经济的发展、文化的交流、民族的融合奠定了基础。

---

① 《汉书·西南夷两粤朝鲜传》。
② 《史记·南越列传》索隐引《广州记》。
③ 王先谦在《汉书补注·两粤传》中认为："《淮南子·人间训》载有西瓯君，《汉书·闽越传》斩西于王，即西瓯也。"又据罗香林之《古代百越分布考》："瓯骆之瓯，亦似为于越之于所转"，且"瓯""于"二字，"求之于古，本同部也"。（参见罗香林：《中夏系统之百越》，独立出版社1943年版）可见，古代"瓯""于"两字可通，因此，"西于"即"西瓯"，西于王也是西瓯王。
④ 《汉书·高帝纪下》。

二 汉治理南越国的模式探源

中国疆域辽阔，民族众多，从夏、商、周开始，就存在一个中原王朝的政治实体，在这个政治实体的周围分布着许多少数民族。怎样治理这些地区，中国古代已形成了一套完整的思想和政策。《尚书·禹贡》称夏朝王室统治的中心为"王畿"，以王畿为中心，根据距王畿近远而分为"五服"：

> 五百里甸服，百里赋纳总，二百里纳铚，三百里秸服，四百里粟，五百里米。五百里侯服，百里采，二百里男邦，三百里诸侯。五百里绥服，三百里揆文教，二百里奋武卫。五百里要服，三百里夷，二百里蔡。五百里荒服，三百里蛮，二百里流。①

《国语·周语上》记载周穆王伐犬戎，大臣祭公谋父进谏说：

> 夫先王之制：邦内甸服，邦外侯服，侯卫宾服，蛮夷要服，戎狄荒服。甸服者祭，侯服者祀，宾服者享，要服者贡，荒服者王。日祭，月祀，时享，岁贡，终王。②

这两书对"五服"的记载，尽管略有不同，但"五百里要服""五百里荒服""蛮夷要

---

① 参阅《十三经注疏·尚书正义》（附校勘记）上册，中华书局1980年版。
② 参阅徐元诰：《国语集解》，中华书局2002年版。

服""戎狄荒服",都是指东南蛮夷之族和西北戎狄之族所居的地区。祭公谋父说的"甸服者祭,侯服者祀,宾服者享,要服者贡,荒服者王",是指"五服"对周王有不同的职贡。荒服的少数民族首领,必须向周王进献。根据"荒服"的制度,所有居住在"荒服"地区的大小部落首领都必须终身"来王"。所谓"来王",就是来到王的居处,朝见周王而推尊以为王;接受分封低下爵位而服事周王①。楚是被周人看作蛮夷的,《史记·楚世家》说:"周文王之时,季连之苗裔曰鬻熊,鬻熊子事文王。"所谓"子事文王",就是接受低下的"子"爵,从而服事于周王。

对《禹贡》的"五服"说,司马迁、班固是全盘接受了的。《史记·夏本纪》和《汉书·地理志》关于"五服"的论述,除改了个别字之外,几乎全文照抄《禹贡》。此外,还多次提到"水土既平,更制九州,列五服,任土作贡"②"圣王分九州,制五服"③等。当然,"五服"说的是儒家理想化的东西,不能完全当作当时的统治规范。但它说的以王畿为中心,由近及远地将统治推向四方,而统治也由近及远地逐渐减弱,这确是事实。对于"服"字,郑玄《周礼注》解释说:"服,服事天子也。"程大中《四书逸笺》卷一引《丛说》:"《禹贡》五服之内所封诸侯,朝贡皆有时,各依服数以事天子,故曰服事。"④ 对"荒服",《史记·夏本纪》《集解》引马融曰:"政教荒忽,因其故俗而治之。"《汉书·地理志》师古注曰:"此五服之最在外者也。荒,言其荒忽,各因本俗。"对于"五服",南宋蔡沈《书集传》解释说:"甸服,畿内之地也。甸,田服事也";"侯服者,侯国之服";绥服者,"绥,安也。谓之绥者,渐远王畿而取抚安之义";"要服,去王畿也远,而经略之者视要服为尤略也"。⑤ 在这里,蔡沈认为中原王朝统治者对"要服"的治理,因为"去王畿已远,皆夷狄之地,其文法略于中国",所以"取要约之义,特羁縻而已"。而对"荒服"的治理,比"要服为尤略"更为松弛。即对"要服""荒服"的治理是"羁縻"而治,这是夏、商、周时代的情况。在战国时代的兼并战争中,秦对一些少数民族也采用羁縻政策。秦兼并巴蜀之后,因为少数民族的统治者在当时还有一定的号召力,于是也采用了羁縻政策⑥。

---

① 参阅杨宽:《西周史》第二编第七章《西周王朝统治所属少数部族的"荒服"制度》,上海人民出版社1999年版。
② 《汉书·地理志》,《汉书·匈奴传》。
③ 《汉书·西域传》。
④ 文渊阁《四库全书》版,台湾影印本。
⑤ 同上。
⑥ 杨宽:《战国史》,上海人民出版社1980年版,第325页。

既然《史记》《汉书》全盘接受了"五服说",汉代的政治家在讨论边疆问题时,也以"五服说"为立论基础。如《汉书·严助传》记载,淮南王刘安上书谏闽越用兵一事时说:"自三代之盛,胡越不与受正朔,非强弗能服,威弗能制也,以为不居之地,不牧之民,不足以烦中国也。故古者邦内甸服,邦外侯服,侯卫宾服,蛮夷要服,戎狄荒服,远近势异也。"《汉书·匈奴传》讨论怎样处理匈奴问题时,萧望之说:"戎狄荒服,言其来服荒忽无常,时至时去,宜待以客礼,让而不臣。"(《萧望之传》也有类似记载)班固在《汉书·匈奴传》中总结对边疆的治理时说:

  故先王度土,中立封畿,分九州,列五服,物土贡,制外内,或修刑政,或昭文德,远近之势异也……夷狄之人……其慕义而贡献,则接之以礼让,羁縻不绝,使曲在彼,盖圣王制御蛮夷之常道也。

班固认为,先王"分九州,列五服",对于"荒服",用羁縻之治,乃"圣王制蛮夷之常道"。

"羁縻"一词,在《史记》中凡五见,在《汉书》中凡八见。其意义有几种情况:一种是泛指一种统治方式,如《史记·律书》:"会高祖厌苦军事,亦有萧、张之谋,故偃武一休息,羁縻不备。"一种是对方士而言,如《史记·封禅书》(《史记·武帝纪》《汉书·郊祀志》同)载:"而方士之候祠神人,入海求蓬莱,终无有验。而公孙卿之候神者,尤以大人之迹为解,无有效天子益怠厌方士之怪迂语矣,然羁縻不绝,冀遇其真。"这是指对方士保持联系,控制方士的活动。此外,更多的是指对边疆戎狄的一种统治方式,如《史记·司马相如列传》:"盖闻天子之于夷狄也,其义羁縻勿绝而已。"《索隐》对"羁縻"的解释:"羁,马络头也。縻,牛缰也。《汉官仪》'马云羁,牛云縻。'言制四夷如牛马之受羁縻也。"这是对边疆少数民族的一种蔑称,但它说出了对边疆的一种统治方式。又如《史记·大宛列传》:"宛以西,皆自以远,尚骄恣晏然,未可讪出以礼羁縻而使也。"《汉书·陈汤传》:"中国与夷狄有羁縻不绝之义。"《汉书·西域传》说康居国"汉为其新通,重致远人,终羁縻而未绝"。凡此种种,都是指对戎狄"羁縻"而治。

诚如班固在《汉书·匈奴传》中所总结的,"羁縻"而治,乃"圣王制御蛮夷之常道"。这种思想在汉代政治家、军事家的头脑里是根深蒂固的。而这种思想是基于王畿之外,分为"五服",而最外的是戎狄聚居的"荒服",因而用"羁縻"而治。汉代中央统治者总结和吸收先秦时代对边疆戎狄"羁縻"而治的经验教训，制定了因时、因地、因人而异的"羁縻"政策。西汉中央政权对南越国的治理，正是这种"羁縻"而治的具体表现。赵佗也是一位杰出的政治家、军事家，他对南越国的治理，对南越国内少数民族势力强的地区，也用"羁縻"而治。汉代的这种羁縻思想，包括以下内容：第一，反对放弃边疆地区，必须坚持中国与其周边民族之间的政治联系，即《汉书·陈汤传》所谓"中国与夷狄有羁縻不绝之义"。第二，进行适度而治，即"羁縻"而治，有限度地加以控制，保持名义上统治与隶属的关系，而不进行直接统治，由其首领"自治"，对南越国的统治即此种形式。第三，羁縻而治的最终目的还是要实现最高层次的治，达到完全的统一[①]。如汉武帝元鼎六年（前111年）平定南越国，即是更高层次上的统一。

因此，我们认为汉中央王朝对南越国的治理模式，渊源于先秦时代把王畿之外的地区分为"五服"，而对最外围的"荒服"实行"羁縻"而治。南越国统治之地，正属"荒服"之地，因而用"羁縻"而治。这是汉朝中央继承和发展先秦时代治理边疆的经验教训的结果。而这一做法无疑是成功的。

---

① 参阅刘逖：《我国古代传统治边思想初探》，载马大正主编《中国古代边疆政策研究》，中国社会科学出版社1990年版。

三 经济发展的新阶段

先秦时期的岭南地区，基本上还处于落后的原始农业耕作阶段，即"刀耕火种"或"火耕水耨"。生产工具十分落后，主要使用磨制石器。秦统一岭南后，随着大批中原人南下，先进生产工具和技术才进入岭南，为经济的发展创造了条件。经过南越国近百年的经营，岭南地区经济的发展达到了一个崭新的阶段。

首先，体现在农业经济的发展方面。

农业生产工具的进步为农业的发展创造了条件。铁制的农业生产工具在南越国已有不少，据不完全统计，属于南越国时期的铁器就出土700余件，与农业有关的铁器有锄、锤、铲、锨、镰、斧、凿、锤、锛、削、刀、弯刀、劈刀、

▽ 铁铲

▽ 铁镰刀

铲刀等。其中锸、锄、钁、镰等是农业生产的重要工具。锸，在南越王墓中出土3件，呈凹字形，刃口圆弧，两刃角向上微翘，内侧有空槽以纳木叶。出土时，槽内多残存木叶朽木，可见是用实用器陪葬。这是我国古代流行的一种农具，文献记载颇多。《盐铁论·国疾》云"秉耒抱锸"，《汉书·王莽传上》云"父子兄弟负笼荷锸，驰之南阳"。刘熙《释名·释用器》："锸，插也，插地起土也。"它可用来翻土、修埂、开渠、挖掘等，是一种使用非常方便而且广泛的农具。钁，在南越王墓东耳室中出土2件。《淮南子·精神训》："修干戚而笑钁插。"高注说："钁，斫也。"这种农具对开荒造田，特别是刨树根等有极高的效率。锄，在南越王墓东耳室中出土1件。锄是中耕农具，刘熙《释名·释用器》："锄者，助也，去秽助苗长也。"用它松土、除草、中耕、培土、间苗等，是农业生产中的"万能工具"。镰，是收割工具，在南越王墓西耳室出土中1件。这种铁镰为弯月形，它可能就是《方言》中所说的刈钩。刈钩可简称为钩。《汉书·龚遂传》："诸持刈钩田器者皆为良民。"颜师古注："钩，镰也。"

广西贵县罗泊湾一号墓属于南越国时期的墓葬，出土了2件计田器的木牍，其中1件自题为"东阳田器志"①。"田器"是汉人称农业生产工具的常见语。"田器志"就是墓中随葬农具的登记单。"东阳"是地名，所指何地，有不同的说法，总之，不在南越国境内，而在南越国以北的地方。这是一份南越国从中原地区引进农具的清单。木牍所记农具的名称和数字，部分已漫漶不清，残存可辨的有"插廿八其一郎""鉏一百廿具""鈂十五具""鈂一百二插""插五十三""鉏一百一十六"等。插即锸，鉏即锄。鈂，没有见到实物出土，《说文解字》释为"锸属"，应是和锸相近的一种起土农具。

铁农具的推广与使用，是农业生产发展的重要标志。西汉时人们认为："农，天下之大业也；铁器，民之大用也。器用便利，则用力少而得作多，农夫乐事劝功。用不具，则田畴荒，谷不殖，用力鲜，功自半。"②"铁器者，农夫之死士也，死士用则仇雠灭，仇雠灭则田野辟，田野辟则五谷熟。"③ 所以，南越国时期使用铁农具，意义非常深远，它标志着生产力水平发展到了一个新的台阶，使大面积地砍伐森林、开垦荒地、兴修水利、深耕细作成为可能，为农业经济的发展奠定了基础。

---

① 广西壮族自治区博物馆编：《广西贵县罗泊湾汉墓》，文物出版社1988年版，第84~86页。
② 《盐铁论·水旱》。
③ 《盐铁论·禁耕》。

农作物品种的繁多，也是农业发展的重要标志。秦汉时期，人们把粮食作物通称为五谷。《吕氏春秋·审时》篇列举的主要农作物有六种：禾、黍、稻、麻、菽、麦，《任地》篇还首次提到大麦。西汉《氾胜之书》论及的粮食作物有禾、黍、大麦、小麦、稻、大豆、小豆、麻，其中，大小麦同属麦类，大小豆同属豆类，合计起来也是六种。《四民月令》《淮南子·地形》篇、《淮南子·急就》篇等文献记载也大致相同。因此，可以断定，当时主要粮食作物即《吕氏春秋》所列的六种。

从考古资料看，南越国时期的岭南已种上述六种粮食作物。广西罗泊湾一号汉墓中出土的两块木牍上写有"客秏米一石"和"客秏"等字①。"秏"即"籼"。籼稻，是属于栽培稻的一个亚种。与粳稻比较，分蘖力较强，米质黏性较弱，胀性大，比较耐热和耐阳光。这是南越国种稻的证据。在南越国的墓葬中，还出土有黍、粟、菽、薏米、芋、大麻子等②。除粮食作物外，也发现了不少人工栽培的瓜果，在广州、贵县、梧州、合浦等地也时有发现，经鉴定的有：柑橘、桃、李、荔枝、橄榄、乌榄、人面子、甜瓜、木瓜、黄瓜、葫芦、姜、花椒、梅、杨梅、酸梅等，这反映出南越国的园圃业之盛。《西京杂记》记载，赵佗曾将岭南佳果——荔枝进贡给汉高祖。据《汉书·地理志》和杨孚《异物志》载，汉代在南海郡设有圃羞官，岁贡龙眼、荔枝、橘、柚等珍贵果品。交趾赢娄有羞官，巴郡朐忍有橘官。《盐铁论·未通》说，汉武帝统一岭南，以其地为园圃，橘、柚被大量运到中原，出现了"民间厌橘柚"的现象。由此可见，这些果树在南越国时期就广泛种植了。

从铁农具的推广与广泛应用和农作物的丰富多彩看，南越国的农业发展到了一个崭新的水平。

其次，手工业有了长足的发展。

《汉书·货殖传》云："谚曰：'以贫求富，农不如工，工不如商，刺绣文不如倚市门。'此言末业贫者之资也。"这是说农民为了追求更多的财富，很多转化为手工业、商业人口。在南越国还有一种特殊的情况，就是大批南迁的中原人中，有不少是身怀绝技的手工业生产者，这些能工巧匠大显身手，使南越国的手工业，如冶铸业、制陶业、纺织业、漆木器业、玻璃业、玉石业等行业，都获得了突破性的发展。

---

① 广西壮族自治区博物馆编：《广西贵县罗泊湾汉墓》，文物出版社1988年版，第85页。
② 张荣芳、黄淼章：《南越国史》，广东人民出版社1995年版，第189页。

↙ 铜烤炉

冶铸业中的青铜器制造业是手工业的重要分支。南越国时期墓葬中出土的青铜器包括生产工具、生活用具、娱乐品、兵器、明器、装饰品、杂器等，器型多种多样，丰富多彩。这些青铜器，有些是从中原传入的，但南越国自己制造的数量也比较多，主要有铜鼓、越式铜鼎、铜壶、铜钫、铜提筒、铜鍪、铜编钟、铜句鑃、竹节铜筒、铜靴形钺、铜烤炉等。广州南越王墓和广西罗泊湾一号墓出土的颇具特色的青铜器，代表了南越国青铜冶铸业所达到的最高技术水平。

其中的铜鼓、铜提筒、铜钫、铜烤炉等，器型硕大而胎壁较薄，上面还铸出各种复杂的花纹，表明南越国已有很高的青铜冶铸技术。据专家研究鉴定，南越国的青铜器，分为铸造、锻造两种。其中铸造的数量最多。铸造铜器分为范铸法和失蜡铸造法。越式铜器主要是二分式铸出，如越式铜鼎和铜提筒

↙ 铜钫

↖ 人操蛇铜托座　　　　　　　　　　　↖ 蟠龙铜托座

等，器体均为两范合铸，铜器底部还留有合铸的痕迹。比较复杂的器物则采取分铸法，即先分铸出各个附件，然后再与器物本体合铸为一。更令人惊奇的是，南越国部分铜器已采取了"失蜡铸造法"。失蜡法是中国的一大发明。用失蜡法可以制出非常精细复杂的花纹图案。南越王墓出土的屏风的铜转角构件，造型为力士操蛇，既为支撑屏风之用，亦具有装饰意义。力士和蛇的形体均为自然的浑圆体，没有任何范缝的痕迹。缠绕扭曲的蛇体是无法分铸（范）制范的。在蛇与蛇、蛇与人缠绕处，均有蜡模的接痕和修痕，证明为失蜡法所铸[①]。这些铸造技术均来源于中原，或者铸造工匠中不少就是来自中原的汉人。有些技术与同时期的中原相比，或许还有一些差距，但是，与先秦时期的岭南相比，南越国的青铜铸造业有了飞跃的发展。

---

① 参阅广州市文物管理委员会等编：《西汉南越王墓》（上），附录五《西汉南越王墓出土铜器、银器及铅器鉴定报告》，附录六《南越王墓出土金属器制造技术试析》，文物出版社1991年版。

↖ 越式大铁鼎

关于铁器,从墓葬出土铁器的数量和品种来看,南越国时期使用铁器已经十分普遍。北京科技大学冶金史研究室曾对南越王墓出土的9件铁器进行检验鉴定,其结论为:"在西汉早期,铁器在岭南地区尤其在手工业中已得到广泛应用,并掌握了铁器的加工及淬火处理技术。"① 但是,南越国本身有没有铸铁生产呢?回答是肯定的。南越王墓出土的一件大铁鼎,高48厘米,腹径47.5厘米,重26.5千克。此铁鼎为岭南地区目前所见的最大的铸铁鼎,采用泥范法用生铁铸造而成。其造型与广州西汉前期墓出土的越式陶鼎类似,可称为"越式大铁鼎"。由于其造型颇具地方特色,可以肯定是在南越国当地铸造的。由此可见,南越国已有铸铁生产了。南越国自己能够生产制造铁器,使落后的岭南地区迅速进入铁器时代,促进了岭南的开发,意义十分重大。

---

① 参阅广州市文物管理委员会等编:《西汉南越王墓》(上),附录四《西汉南越王墓出土铁器鉴定报告》,文物出版社1991年版。

↙ "文帝行玺"龙钮金印

金银器的铸造，也是铸造业发展的重要表现。金银器是以贵重金属——黄金和白银（汉代文献称为白金）为原料加工制成的器皿和饰件。南越国有无金银器的铸造和加工，史书无征。但在南越国时期的墓葬中，出土过金银器，例如广西罗泊湾一号墓出土了1件金耳挖，1件银戒指和3件银针；二号墓出土了1块金饼；广州先烈路西汉前期1182号墓出土1件金带钩，1120号墓出土1件银镯[①]。但这些材料，还不能说明这些金银器是外地传入还是南越国自造的问题。南越王墓出土了不少金银器，还有金银服饰品和金银配饰等，为解决南越国是否可以制造金银器及其制作工艺水平问题提供了直接的证据。该墓出土了3枚金印，即"文帝行玺"龙钮金印、"泰子"龟钮金印和"右夫人玺"龟钮金印。从铭文分析，这些金印当是南越国自己制造的。此外，一些金银器如玉龙衔金钩、漆杯金座、小金羊等，其造型、纹饰、制作工艺等均具有岭南地方特色，也应是南越国自己制造。至于制造工艺水平，从两方面可以说明。

---

① 参阅广州市文物管理委员会等编：《广州汉墓》（上），文物出版社1981年版。

一是含金量高。有关部门对南越王墓的2枚金印进行检验，结果如下表①：

金印（D79、D81）化学成分表

器号	测试部位	Au（金）%	Ag（银）%	Cu（铜）%	Fe（铁）%	合计	附注
D79（文帝行玺）	前侧面	98.52	0.93	0.19	0.37	100.01	铁锈污染
	右侧面	98.19	1.17	0.30	0.34	100	
	左侧面	68.15	/	/	31.85	100	
D81（泰子）	前侧面	98.18	1.33	0.40	0.09	100	
	右侧面	98.18	1.42	0.31	0.09	100	

从此表可以看出，此两金印的含金量达到98%以上。而据现有的发掘资料来看，北京平谷县刘家河商代中期墓葬中出土的金器含金量仅85%②；战国时期的金"郢爰"含金量不稳定，有的仅70%，90%以下的也不少；西安上林苑发掘出土的西汉马蹄金和麟趾金，含金量最高为97%③；汉代金饼和马蹄金、麟趾金含金量一般都在95%以上，最高达99.3%④；河北满城西汉中山靖王刘胜及其妻窦绾墓出土的"金缕玉衣"，用作"金缕"的金丝含金量为96%。南越王墓2枚金印的含金量均达到98%以上，如果没有较高的冶炼和提纯工艺，不可能有如此高的纯度。

二是制作精美，工艺比较成熟。如虎头金钩衔玉龙，由一青玉镂雕的玉龙和一个金质虎头带钩组合而成，虎头金钩为铸成，器表打磨光滑，钩尾为一虎头，双眉上扬，额顶刻一"王"字，金钩和钮后面有一长方形銎孔，玉龙尾部套在銎孔中，构成金碧辉煌的龙虎斗图像。这是国内罕见的珍品。另外，在南越王墓西耳室中还发现银锭4块，应是制作银器的原料。以上材料可说明南越王廷内设有金银器手工业作坊。

制陶业是与国计民生关系最密切的手工业部门之一。在南越国墓葬和遗址中，出土器

---

① 广州市文物管理委员会等编：《西汉南越王墓》（上），文物出版社1991年版，第207页。
② 北京市文物管理处：《北京市平谷县发现商代墓葬》，载《文物》1977年第11期。
③ 李正德等：《西安汉上林苑发现的马蹄金和麟趾金》，载《文物》1977年第11期。
④ 安志敏：《金版与金饼——楚、汉金币及其有关问题》，载《考古学报》1973年第2期。

物最大宗的是陶器,数量以万计。有时一座墓中出土数百件。南越王墓共出土陶器991件,占出土器物总数的70%～80%,器型共计有58种之多。南越陶器烧制火候高,胎质坚硬,胎骨硬度一般为摩氏3～5度,有的达到6度(与普通玻璃相同)。广州文物管理委员会曾选取南越泥质硬陶罐由广东佛山石湾陶瓷研究所做重烧试验,在倒焰窑中烧成温度达1280℃,其胎骨并无显著的变化,表明南越国陶器已接近原始瓷的烧成温度了①。可见制陶工艺水平之高。

南越陶器主要是日常生活用具。另外还有砖、瓦等建筑材料。近年来,在广州南越国宫署遗址中发现大量砖瓦。这些砖瓦足以反映南越国制陶工艺之高:(1)能制造体形巨大的砖瓦。"秦砖汉瓦"向为人们所称道,南越国的砖瓦之巨,是前所未有的。砖形规格多样,其中方砖最多,常见的为70厘米×70厘米,小的36厘米×36厘米,大的95厘米×95厘米,这是已知的汉代最大方砖的实例。(2)制造技术精良。有的砖型厚重,在侧面和背面都戳出圆洞,以利烧透,因此可见其胎质坚硬。还有根据建筑的需要而制成的各种形状的砖,如梯形、三角形、扁平弧形和带

↙ 砖

↙ 板瓦

↙ "万岁"瓦当

---

① 张荣芳、黄淼章:《南越国史》,广东人民出版社1995年版,第221页。

榫卯的砖；还有包角砖，置于宫殿台基的转角处，内包檐柱；还有长方形空心砖，做宫署台基的踏步用。瓦有板瓦、筒瓦、连当瓦和折腰瓦。有的瓦两面都有刺（钉），呈三角锥形或圆锥形。（3）压印花纹和戳记文字多，令人耳目一新。砖压印花纹多为几何图案，大多为菱形纹；瓦表印绳纹。戳记文字，砖文有"左官奴兽""公""气"等，瓦文有"左官卒犁""左官卒窑""左官□最""左官侈忌""左官奴兽""官节""右官""右冢""官伎""奴利""祐""右贫""忠""善""居室""官""公""官富""官□""官库""乔乐""□乐""梦""官梦""官桥""□东""曹""宁""可""工□""鲜""污""九""木""工""有""赖""营""蜇""阅""强""莫""扇""姑""长""左工""留""仲有""年"等数十种。还有一种戳印人面纹瓦。瓦当分云纹当和"万岁"当两种，以"万岁"当的数量最多。有少数瓦当涂朱或施釉。当面的直径最大18厘米，最小13厘米，一般16～17厘米。南越瓦常带瓦文，这是一种进步。"文字当的大量出现应被视为汉代工艺史上的重要成就。"①

秦汉时期中国的纺织业已达到很高的水平，以湖南长沙马王堆汉墓出土的大量纺织品最具代表性。南越王墓出土一大批丝织品，其数量和品类之多，不亚于马王堆汉墓。但保存状况甚差，全部炭化。经专家的认真加固和科学检测，丝织物的组织、结构在放大镜下还比较清晰，印染的各种花纹图案也可分辨清楚。织物的原料大多是蚕丝，少数是苎麻纤维。按质地可分为绢、罗、纱、锦、麻类织物，还有手工编织的组带②。绢可分为普通绢、超细绢、砑光绢、绣绢、黑油绢、朱绢等。罗可分为菱纹罗、朱染菱纹罗。纱分为绉纱、朱纱、緟纱、绣花纱和印花纱等。锦有素面锦、朱黑两色锦和绒圈锦三种。从织造工艺来看，这批织物的制作水平是相当高的。"平纹织物中，每平方厘米（J）320×（W）80根的超细绢，为目前所见汉代绢中经纬密度最高的织物。"③这些织物的来源很难说得清楚，但南越国有自己的纺织业却是可以肯定的。其理由如下：

第一，在罗泊湾汉墓中，发现了一些实用织机和模型织机的部件。由于该墓被盗严重，出土的织机的木构件与其他木器混杂在一起，已无法辨认出是哪一种织机的。但经整理可辨出器型的有打纬刀、卷布轴、经轴、梭、引经杆、分经杆、挑经刀、提综杆和"马头"（织机上的一种部件）。更难能可贵的是，在南越王墓出土丝织品最多的西耳室发现两件

---

① 广州市文化局等编：《广州秦汉考古三大发现》，广州出版社1999年版，第78～80页。
② 孙机：《汉代物质文化资料图说》，文物出版社1991年版，第168页。
③ 参阅广州市文物管理委员会等编：《西汉南越王墓》（上），附录一六《象岗南越王墓出土丝织品鉴定报告》，文物出版社1991年版。

青铜印花凸版,说明南越国宫廷作坊已掌握印花工艺,墓中的印花纱,至少是当地印染的。这是到目前为止世界纺织史上最早的一套铜制彩色套印工具①。

第二,从工艺水平看,砑光工艺和砑光后涂以云母粉末加工方法,在汉代织物中不多见。南越王墓出土云母砑光丝绢,就目前所知,尚属首见。用植物油类涂在织物上以防雨,是中国纺织工匠的一大发明。南越王墓出土的"黑油绢",是这种工艺的最早实证。刺绣是汉代高级织物之一。南越王墓出土有绣绢、绣纱两种。其中绣绢纹样与马王堆汉墓所出相似,而绣纱所用"丝线"与一般刺绣用线迥然有别,似为南越国工匠自制。因此,南越王墓出土超细绢、云母砑光绢、黑油绢、绣绢等,目前尚未见于其他地区,它们应是南越国所自制②。

第三,根据对丝织品的鉴定报告,发现有丝绵,用以包垫铜镜或其他器物。丝绵是把缫丝后的碎丝集中梳理,打制成绵。这说明南越国有缫丝工匠和作坊。第四,南越王墓出土的大小器物,几乎全部用丝绢包裹捆扎,西耳室丝绢整匹叠置,数量巨大,耗费惊人,如果没有自己的纺织业,生产如此大量的绢是难以想象的。由此可见,南越国有自己的纺织业,而且其工艺已达到相当高的水平。

漆器制造业是汉代重要的手工业部门。漆具有耐高温、耐碱、耐腐蚀等功能。将漆涂于器物表面,干燥后能结成坚韧而美观的保护膜,光彩照人。漆器既美观又轻巧,受到汉代统治阶级的喜爱。迄今为止,南越国时期墓葬中出土的漆器已经超过1000件。较重要的几批是:20世纪50年代在广州发掘的182座南越国墓葬中,有11座墓共出土漆器89件③;广西贵县罗泊湾一、二号墓出土漆器800余件④;1980年,广西贺县金钟一号汉墓出土漆器一批⑤;1982年广州柳园岗南越国墓群中,11号墓和17号墓出土漆器40件⑥;1983年广州南越王墓出土不少漆器,但腐朽严重,能分辨出外形的漆器有43件⑦。出土漆器的种类繁多,包括日常用具、乐器和兵器等,还有漆画铜镜、漆画铜筒、漆画铜盆等。

---

① 参阅广州市文物管理委员会等编:《西汉南越王墓》(上),附录一六《象岗南越王墓出土丝织品鉴定报告》,文物出版社1991年版。
② 广州市文物管理委员会等编:《西汉南越王墓》(上),文物出版社1991年版,第484页。
③ 广州市文物管理委员会等编:《广州汉墓》(上),文物出版社1981年版,第174~177页。
④ 广西壮族自治区博物馆编:《广西贵县罗泊湾汉墓》,文物出版社1988年版,第69~78页。
⑤ 广西壮族自治区文物工作队:《广西贺县金钟一号汉墓》,载《考古》1986年第3期。
⑥ 黄展章:《广州瑶台柳园岗西汉墓群发掘纪要》,载广州博物馆、香港中文大学文物馆编:《穗港汉墓出土文物》,1983年香港出版。
⑦ 参阅广州市文物管理委员会等编:《西汉南越王墓》(上),"器物总表",文物出版社1991年版。

南越国漆器的来源固然很复杂，但这批漆器说明南越国有漆器制造业是可以肯定的。其理由如下：第一，在漆器中发现不少烙印戳记、针刻和漆书文字。广州西村石头岗1号墓出土的漆奁上印有"蕃禺"①，还有朱漆书"高乐""龙中"等。广西罗泊湾有"布山""市府草""市府囗"等烙印文字。漆奁上烙"蕃禺"印，"蕃"即"番"。秦统一岭南后，设桂林、南海、象郡，郡下设县，其中南海郡治为番禺县。赵佗立南越国后，以番禺为都城，即今广州。这件漆奁烙印即说明它是由番禺市府经营的漆器作坊所造。"布山"烙印发现于罗泊湾出土的耳杯外底②，字外加方框，表明为布山市府漆器作坊所造。"市府草"和"市府囗"烙印有数个，据考证，这是一种省文——省略了"市府草"戳印前面的市名，应是布山市府的漆器作坊制造。"布山"，据《汉书·地理志》记载是作为郁林郡的首县。旧说布山是汉武帝时置的，此墓的发现，证明"布山"至迟在汉初，即南越国早期就有了。而布山县治就是今之贵县。这说明南越国早期便已有漆器制造作坊。第二，南越国漆器有自己的特色，于铜器上用漆绘画，是南越国漆工的一大杰作。罗泊湾一号墓出土了一件具岭南特色的铜提筒，器表满绘漆彩画。画面分四段，均作人物、禽兽、花木、山峦、云气。每段自成一个完整的画面，整体似在描述一个长篇的神话故事③。漆绘铜盘的口沿上和腹壁内外都有精美漆画，口沿上绘菱形图案，腹壁内绘龙、鱼和卷云，两条巨龙构成整个图案的主体。龙口含珠。外壁似为战争叙事画④。这两件漆画所绘人物图像线条流畅，形象生动，是难得的艺术珍品。广州南越王墓出土3件绘漆画的铜镜，最大的一件是C145—73⑤。镜中的一圈凹面宽带纹分割为两区，内区绘卷云纹，外区绘人物，中间有斗剑表演的人物，也有拢手而立的旁观者。这是目前已知中国考古发掘最大的一面西汉绘画镜。南越王墓还出土一件漆木折叠式大屏风，这是中国首次发现的西汉前期的实用漆屏风。此屏风规模大，结构复杂奇巧，将铸铜、镏金、镶嵌和漆木工艺等集于一体，光彩夺目，异常华丽。此屏

---

① 广州市文物管理委员会等编：《广州汉墓》（上），文物出版社1981年版，第175页。
② 广西壮族自治区博物馆编：《广西贵县罗泊湾汉墓》，文物出版社1988年版，第36～38页，图版一四至一六，彩版三、四。
③ 广西壮族自治区博物馆编：《广西贵县罗泊湾汉墓》，文物出版社1988年版，第36～38页，图版一四至一六，彩版三、四。
④ 广西壮族自治区博物馆编：《广西贵县罗泊湾汉墓》，文物出版社1988年版，第41～42页，彩版五、六、七。
⑤ 广州市文物管理委员会等编：《西汉南越王墓》（上），文物出版社1991年版，第84页，图58，彩版二一。

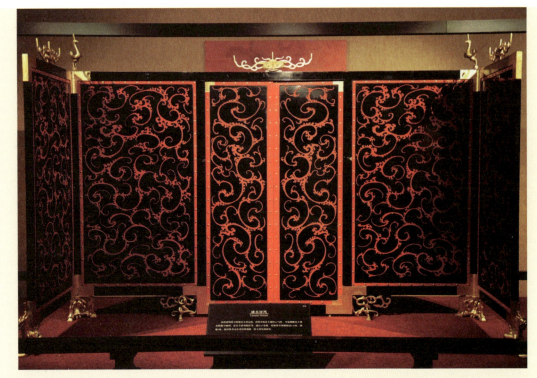

▼ 实用漆木大屏风（复制品）

风体现了汉文化、楚文化、南越文化融为一体的特征①。这种独具特色的漆器应是南越国自己制造的。

  玻璃制造业也是南越国重要的手工业部门。南越国能否自己制造玻璃，这是近年来学术界关注的一个问题。两广地区南越国时期的墓葬出土大量玻璃器，器型有耳珰、鼻塞、璧、蜻蜓眼珠、小串珠、平板玻璃、玻璃贝饰等。这批玻璃是岭南目前已知的出土最早的玻璃。考古工作者把出土于南越王墓的平板玻璃（C181、C211）、乳白色玻璃璧（C192）、蓝色珠串（D140）等样品送有关部门进行科学检验，检验内容以成分分析为主。同时测定平板玻璃的密度和光谱透过率。其结论如下：

---

① 参阅广州市文物管理委员会等编：《西汉南越王墓》（上），附录——《南越王墓出土屏风的复原》，文物出版社1991年版。

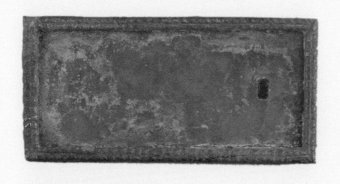

▽ 蓝色玻璃牌饰

（1）成分：4件玻璃样品中均有大量氧化铅（PbO）和氧化钡（BaO）。"在世界古代玻璃中，只有中国的玻璃成分具有同时兼含大量PbO和BaO的特点，这是目前世界古玻璃专家所公认的，因此，这批玻璃无疑是中国自制的。"①

（2）密度：两件平板玻璃密度相似，这与其化学组成相接近的结果是一致的。

（3）光谱透过率：玻璃在可见光波长为4340～5500埃范围内的透过率为70%以上。波长在5000埃左右的透过率为77%左右，其透明度虽低于近代平板玻璃，但在可见光范围内，已具有较好的透光、透视的功能。南越王墓出土蓝色小平板玻璃有22件之多，这在汉代考古发掘中是首次发现。这批小平板玻璃嵌入长方形的铜框中，作为一种牌饰使用。平板玻璃内部光洁度较高，色泽浅蓝，晶莹透明，厚薄一致，可见其制作技术达到了很高水平。这批玻璃是目前已知时代最早的平板玻璃，其他地方未曾发现，应是南越国自己制造的，"为王国工官监造"。②

第三，商业和贸易方面。

南越国时期是岭南历史上社会经济迅猛发展的时期，也是岭南地区商业和贸易取得长

---

① 参阅广州市文物管理委员会等编：《西汉南越王墓》（上），附录八《西汉南越王墓出土玻璃技术检验报告》，文物出版社1991年版。
② 广州市文物管理委员会等编：《西汉南越王墓》（上），文物出版社1991年版，第340页。

足发展的时期。先秦以来，岭南地区就是闻名全国的珍珠、犀、象产地。秦始皇经略岭南的一个重要原因就是"利越之犀角、象齿、翡翠、珠玑"①。在司马迁的《史记·货殖列传》中，南越国的首府番禺以其"珠玑、犀、玳瑁、果布之凑"，而成为西汉前期闻名全国的"都会"之一。雷州半岛一带，是岭南最主要的珍珠产地，采珠业和商业贸易十分活跃②。但由于种种原因，南越国的商品货币经济很不发达，目前，尚未有确凿的证据证明南越国有自己的货币体系，南越国时期的墓葬中，很少有铜钱和冥币出土，规模宏大的南越王墓和广西罗泊湾汉墓未有一枚铜钱出土，这与同时期中原地区的墓葬形成了鲜明的对比③。但这并没有影响南越国商业贸易和城市经济的繁荣发展。南越国与中原地区、闽越地区、西南夷地区和巴蜀地区以以货易货方式进行的商业贸易往来十分频繁，各种各样的走私贸易异常活跃。吕后临朝时期，为削弱南越国的军事经济实力，曾经下令禁止向南越国出口"金铁田器"④，由此不仅引起了汉朝与南越国之间大规模的边境武装冲突，而且加剧了南方地区走私贸易的猖獗。西汉前期，在南方地区活跃着一个巴蜀商人集团。他们充当了南方走私贸易的主角。与南越国的走私活动主要是这些蜀商所为。岭南地区成为蜀商走私行为滋生和蔓延的温床，成为蜀商非法贸易的乐土。汉武帝建元六年（前135年）番阳令唐蒙出使南越国时所食的枸酱，就是蜀商千里迢迢经过西南夷地区走私贩运到南越国的⑤。在南越王墓出土的诸多铁器中，应该有不少是巴蜀商人的走私品⑥。

---

① 《淮南子·人间训》。
② 张荣芳、周永卫：《汉代徐闻与海上交通》，载《中山大学学报》（社会科学版）2002年第3期。
③ 广州市文物管理委员会等编：《西汉南越王墓》（上），文物出版社1991年版，第348页；张荣芳、黄淼章：《南越国史》，广东人民出版社1995年版，第272~273页。
④ 《汉书·西南夷两粤朝鲜传》。
⑤ 《史记·西南夷列传》。正如余英时先生所言，所谓的"走私"有两层含义，一是向蛮夷出口被汉朝法律所禁止出口的商品和物品，如粮食、武器、铁器、马牛羊等；二是越境贸易或进行边境贸易时，未持有汉朝各级政府颁发的"符""传"或"过所"。枸酱虽然不是法律禁止出口的商品，但蜀商为了逃税，"多持窃出市夜郎"，未办理符传文书，避开官府设置的关隘，因此也属于走私行为。Yu, Ying-shih, *Trade and Expansion in Han China*, Berkeley and Los Angeles. 1967, pp.117-132.
⑥ 周永卫：《西汉前期的蜀商在中外文化交流史上的贡献》，载《史学月刊》2004年第9期。

四 南越国时期岭南文明的形成

南越国时期岭南文明的形成，在岭南地区社会经济文化发展史上具有划时代的意义。为什么在这个时期能出现如此灿烂的文明呢？

第一，先进的社会制度代替了落后的社会制度。秦统一岭南前，岭南处于军事酋长制阶段(或者初期奴隶制制度)。秦统一岭南后，推行郡县制，与中原的政治文化同步。在当时，郡县制是一种先进的制度，它的建立必然使生产力获得很大的解放。在岭南实行民族区域自治，保证了社会的相对稳定，为经济和文化发展提供了条件。

第二，大量中原人南迁，"与越杂处"，带来了先进的生产工具、生产技术和科学文化知识，对岭南地区的开发起了关键性的作用。

第三，南越国是各民族聚居之地，各个民族都创造了自己的文化，形成自己的传统文化；同时每种文化在发展的过程中，又不可避免地遭遇别的民族的文化，由此就形成了民族之间的文化交流。这种文化交流推动了社会文化的发展。南越国是各民族文化交流的桥梁，各民族共同创造了岭南文明。

第四，南越国依山面海，交通便利，是大陆与海外进行文化交流的重要桥梁。当时番禺是岭南的政治、经济、文化中心，《汉书·地理志》说"番禺其一都会也"，"处近海，多犀象、毒冒(玳瑁)、珠玑、银铜、果布之凑，中国往商贾者多取富焉。"地理环境的优势，是经济文化发展不可或缺的条件。

第五，我们在指出南越国时期岭南地区发展迅速是一种历史的必然，是各族人民共同创造的结果的同时,也必须承认个别杰出人物的历史作用,应合理定位、科学评价任嚣、赵佗等人的历史地位。

综上所述,南越文王墓出土的文物,是秦汉时期灿烂的岭南文明和岭南文化具有多元性、兼容性特质的有力见证。

第二章 世所罕见的出土文物

象岗南越文王墓是岭南地区规模最大、出土随葬品最丰富的一座汉墓，又是中国境内迄今发现最早的一座壁画石室墓。出土文物达1000多件（套），计有铜、铁、金、银、铅、陶、玉、石、水晶、玛瑙、绿松石、玻璃、煤精、墨丸、丝、麻、木、漆、皮革、象牙、骨、角、中草药、药饼、药丸、五色药石、封泥、竹木牌签以及家禽、家畜、水产等动物遗骸和植物种实等，品类繁多，其中以铜、铁、陶、玉四者所占比重最大。南越文王赵眜墓展示了岭南这一时期独特的丧葬习俗，而其众多的出土文物也反映了这一时期经济、文化和科学技术等方方面面的情况，这中间包含有大量的世所罕见的文物珍品，下面分六部分分述。

一 印玺

南越王墓出土有金、铜、玉、绿松石等质料的印玺共23枚。墓主贴身随葬的有9枚，分盛于3个小漆盒中，置于胸部的有"文帝行玺"金印和两枚无字玉印；置于胸腹之间的有"泰子"金印和"泰子"玉印及一枚无字玉印；置于腹部的有"帝印"玉印、"赵眜"玉印及一枚无字绿松石印，印文皆阴刻篆书。这些印章为确定墓主身份、姓名及墓葬的年代提供了确切的物证。其他印章如"景巷令印"铜印、"右夫人玺"金印等为我们了解南越国的百官制度、殉葬制度等提供了极为重要的实物资料。

"文帝行玺"龙钮金印出土情形

"文帝行玺"金印

"文帝行玺"金印,出土于墓主人的胸腹部位,印台长 3.1 厘米、宽 3.1 厘米、高 0.6 厘米,通高 1.8 厘米,重 148.5 克。经电子控针测定,含金量达 98%。印面有田字界格,阴刻篆书"文帝行玺"四字,书体工整,刚健有力,它是南越文王的官印。印钮是一条三爪游龙,盘曲成"S"型,龙首伸向一角,鳞和爪是铸后凿刻的,龙腰隆起以系印绶。出土时,金印印面沟槽及印台四壁都有使用和碰撞的痕迹,显然是墓主生前的实用物。

在中国已发现的 12 枚汉代金印中,南越王墓占了四分之一。"文帝行玺"金印是我国目前考古发掘所见最大的一枚西汉金印,也是唯一的汉代龙钮帝玺。它与先前发现的"皇后之玺"玉印和"皇帝信玺"封泥共同印证了史书记载的秦汉印玺制度。此外,它还是墓主人身份最可靠的物证,意义重大。

◤ "文帝行玺"龙钮金印

其主要特点是以龙为钮，黄金铸成，打破了秦汉时期天子用玺以白玉为材料、以螭虎为印钮的规制。僭用帝玺，且自尊为"文帝"，既反映了当时雄踞一方的南越王僭越称帝、"黄屋左纛"的史实，也反映了南越王对秦汉帝印制度的继承和发展。汉朝皇帝帝玺的印面尺寸为"方寸二"①，约相当于今天的2.7～2.8厘米。"文帝行玺"金印的印面边长达3.1厘米，这就逾越了汉礼。史书记载，南越国第一代、第二代王生前僭越自封"武帝""文帝"，在位时私自铸玺，死后葬于陵寝。它们和汉朝皇帝的"文帝""景帝"等为死后追加的谥号有本质的区别。

《汉书·西南夷两粤朝鲜传》记载："……佗孙胡为南越王。婴齐嗣立，即藏其先帝、文帝玺。"这批印章跟历史记载互相印证，从而让我们知道深埋象岗腹心深处的这座隐秘墓葬的主人就是第二代南越王、僭称文帝的赵眜。其中，"文帝行玺"金印是我国考古发掘中第一次出土的汉代"皇帝"印。这枚印章无论是从质地、印钮、规格等与秦汉官印都有迥异之处。以龙钮代螭虎，印面规格超过常规的方寸，印文不用"皇帝行玺"而用自尊号"文帝行玺"更具特色，充分反映了南越国在承袭秦汉之制的同时，还具有浓郁的本地区政治文化色彩。以龙为钮和秦始皇称"祖龙"相吻合，把作为皇帝象征的龙与代表最高权力的帝玺结合起来，可谓南越国的创举。它和其他几枚印章一起，为确定墓主人的身份、墓葬的绝对年代以及研究墓中随葬器物奠定了极为重要的前提和基础。

---

① 陕西省地方志编纂委员会编：《陕西省志·文物志》，三秦出版社1995年版，第469页。

"泰子"金印、玉印

"泰子"金印和"泰子"玉印以及一枚无字玉印同出土于南越王玉衣之上的腹部位置。其中"泰子"金印为方形、龟钮，印文为篆书"泰子"二字，有边栏和竖界，文道较深，沟道两壁光平且直，沟槽底有波浪形起伏的凿刻痕迹，印面光平如镜，十分精致。印钮龟背上有点和线组成的鳞状纹。经电子探针分析，其含金量为98%。印台长2.6厘米、宽2.4厘米、台高0.5厘米、通高1.5厘米，重74.7克。

"泰子"玉印为方形，覆斗钮，钮下横穿一小孔以系印绶，印文阴刻，与同出的"泰子"金印的印型、印文书体风格迥异。印台长宽均为2.05厘米、台高0.7厘米、通高1.25厘米，重12克。

◤ "泰子"金印

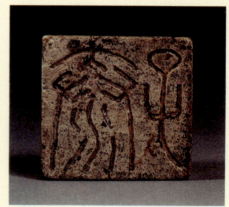

↙ "泰子"玉印

这两枚"泰子"印为目前首见的古代"泰子"官印实物,"泰"通"太","泰子"即"太子"。古代称册立嗣位的皇帝之子和诸侯王之子为太子。《史记·南越列传》记载:"(佗)至建元四年卒。佗孙胡为南越王。"说明了南越王赵眜此前被立为太子的史实。《史记·秦本纪》:"四十八年,文公太子卒,赐谥为静公。静公之长子为太子,是文公孙也。五十年,文公卒,葬西山。静公子立,是为宁公。"说明了父立己子可以称为太子,祖立己孙亦可以称为太子。"泰子"金印、玉印的出土,和历史记载相印证,具有重要的历史价值。而且,按照汉制,官印不得用于随葬,要用明器代替,故后人很难见到官印的实物。南越王墓中的"泰子"印章和其他的一些官印以实物入葬,反映了"婴齐嗣立,即藏其先武帝、文帝玺"的历史背景,也使后人因此机缘而目睹南越国官印的实物。因而弥足珍贵。

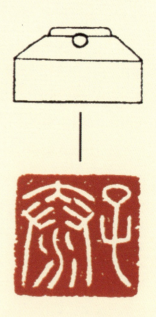

↙ "泰子"玉印

"帝印"玉印

▽ "帝印"玉印

"帝印"玉印出土于墓主人腹部,边长 2.3 厘米,印台高 0.9 厘米,通高 1.7 厘米。以螭虎为钮,螭虎周围雕刻云气纹以衬托;印台侧面刻有勾连雷纹,印面有边栏和界格,阴刻小篆,印文的沟槽内还留有朱砂的痕迹。另有两枚出土于西耳室的"帝印"封泥,封泥的"帝"字结体与这枚玉印的"帝"字不同,可知墓主生前钤印的"帝印"最少也有两枚,是南越王僭越称帝的重要物证。

在秦朝以前,无论尊卑贵贱,印章文字均可以称玺,秦始皇统一六国后规定,只有天子可以称玺,臣下称印。汉武帝时开始有印章之称。南越王僭越帝制,所用印章的印文应该如"文帝行玺"金印一样称"玺",但在这里却偏偏用"印",这种不按常规办事的情况,值得研究。

这种只书"帝印"的文物,为国内首见,为我们了解秦汉印章制度提供了十分宝贵的资料。

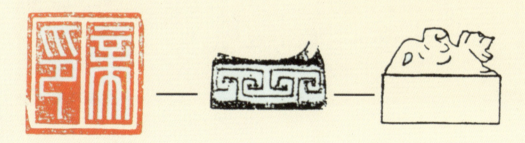

夫人印

南越王墓东侧室出土了 4 枚夫人印,分别为"右夫人玺"金印、"左夫人印""泰夫人印""部夫人印"鎏金铜印。其中,"右夫人玺"为金印龟钮;其余为鎏金铜印,龟钮。四印大小基本相同,阴刻篆书,印文均极为工整。

"夫人"称谓因时代而异。《汉书·外戚传》:"汉兴,因秦之称号,适称皇后,妾称夫人。"诸侯王妻称王后,妾亦称夫人,这在《史记》《汉书》中屡见。如《史记·淮南衡山列传》:

◢ "右夫人玺"金印

◢ 夫人印

"淮南王王后荼""衡山王赐,王后乘舒";《史记·南越列传》《汉书·西南夷两粤朝鲜传》均载南越王婴齐嗣位,"上书请立樛氏女为后";《汉书·武五子传燕王旦传》:"旦命后姬诸夫人之明光殿。"由此推知,印文所见四夫人皆南越王后宫的姬妾。

汉时贵右卑左,故称所尊者为右。据《汉书·灌夫传》:"夫为人刚直,使酒,不好面谀。贵戚诸势在己之右,欲必陵之;士在己左,愈贫贱,尤益礼敬,与钧。"颜注:"右,尊也;左,卑也。"南越国的宫室百官司礼仪制度皆仿效汉朝,当以右为尊。再从四枚夫人印来看,右夫人是金印,印文称"玺";其他三夫人皆鎏金铜印,印文称"印",可见右夫人在诸夫人中应居首位。

汉代的印文称玺,仅见于帝、后或部分诸侯王,右夫人印文称"玺",确属孤例,应是南越国后宫制度的一种特殊现象,是反映古代印章制度的珍罕之物。

"泰"通"太",泰夫人即太夫人,位次似在左夫人之下,部夫人应为少夫人,在四夫人中位居末位。

出土的四枚夫人印章以及其他随葬遗物,是研究南越国时期的丧葬制度、后宫制度以及风俗习惯的重要资料。

↙ "左夫人印"鎏金铜印印文

↙ "泰夫人印"鎏金铜印印文

↙ "部夫人印"鎏金铜印印文

"景巷令印"铜印

"景巷令印"铜印出土于前室殉葬人身上,方形,边长2.4厘米,印台高0.6厘米,通高1.8厘米,重约27.97克,印钮为鱼形,鱼腹下中空,可系绶带。印面阴刻篆书"景巷令印"四字,有田字格。"景"为"永"的通假字,"景巷令"即汉之"永巷令",为前室殉葬人的官职。

《汉书·百官公卿表》载少府、詹事属官皆有永巷令,且皆以宫中宦者充任。少府"掌山海池泽之税",詹事"掌皇后,太子家"。南越国也应有少府、詹事。如此,在前室身佩"景巷令印"的殉人当是南越国詹事属官"景巷令",职掌南越王室家事之宦者。前室放置车马器,以"景巷令"为殉,象征着作为骖乘的景巷令在为南越王备车马。

"景巷令印"铜印是南越国仿效汉朝设置官制的一个重要物证,此以鱼为钮尤为特别,为国内所见不多的鱼钮铜印之一。这枚印章和"右夫人玺"金印等说明南越王墓殉葬者的身份都是较高的。这种用身份较高者殉葬的情况在同期诸侯王墓中是十分罕见的。

"景巷令印"铜印

二 玉器

　　南越王墓中出土玉器244件，包括玉衣、鼻塞、觽、璧、璜、环、组玉佩、舞人、佩饰小件、玉具剑饰、带钩、印章、六博棋子、铜框镶玉卮、铜框镶玉盖杯、角形杯、玉盒、铜承盘高足玉杯等器型，按传统分类方法，可分为礼仪用玉、丧葬用玉，装饰用玉和器用玉四大类。该墓出土玉器数量之多、品类之广以及雕镂工艺之精美都是空前的。

　　这批玉器的制造工艺，与中原玉器大致相同，有刻、凿、镶嵌、抛光、改制几种。琢刻手法有线刻、浮雕、透雕等。纹饰有蒲纹、谷纹、涡纹、云纹、动物纹等。动物纹饰中，龙凤纹较多，还有虎纹、熊纹、犀纹等。不少玉器的构图打破对称平衡，别具一格。这批玉器的原料产地，尚难确认，目前可知的是墓主玉衣的部分玉片来自广东曲江①。史书记载南越王赵佗曾向汉文帝献"白璧一双"，墓中有未制作完的玉佩，因此我们有理由相信南越国宫廷中应有相当规模的玉雕作坊，其玉器工艺水平已达到了一定的高度。

---

① 广州市文物管理委员会等编：《西汉南越王墓》（上、下），文物出版社1991年版，第306、378页。

丝缕玉衣

玉衣又称"玉匣",是汉代帝王和高级贵族下葬时穿用的殓服。汉人迷信玉,以为玉衣可使尸体不腐。南越王的丝缕玉衣由2291片玉片、麻布和丝线粘贴编缀而成。分为头套、上衣、袖筒、手套、裤筒和鞋六部分,全长1.73米。玉片以长方形和方形为主,还有梯形、三角形、五边形等。头套、手套和鞋子是用红色丝线穿缀打磨光滑的玉片边角钻孔做成,里面以丝绢衬贴加固。玉衣躯干部分则多把废旧玉器或边角玉料切成小玉片,贴在麻布衬里上,再用红色丝带在表面粘贴,十分规整鲜艳。

玉衣下面铺垫有5块玉璧,上衣里面贴体排列14块玉璧,分左、右肋和正中3行布列,另2块夹于双耳间。玉衣上面覆盖10块玉璧及组玉佩,两侧又有3璜3璧,两手握龙形玉觿,脚踏双连玉璧,头顶及两肩各置1件精美玉饰,这些玉器组成了南越王堂皇繁杂的玉殓葬。墓主裸体入殓,遗体的上下左右里外都裹以玉,反映出汉代贵族相信玉具可以保持尸体不腐的观念。

中国历史上以玉衣殓装的制度,可上溯到东周的"缀玉面罩"和缀玉片。根据已知的考古材料,形制完备的玉衣出现在西汉文帝、景帝之际,皇帝和王侯等以玉衣作为殓服是从汉武帝时开始盛行的。根据《后汉书·礼仪志》记载,汉代皇帝死后使用金缕玉衣;诸侯王、列侯、始封贵人、公主使用银缕玉衣;大贵人、长公主使用铜缕玉衣。至东汉时期,玉衣已明确分为金缕、银缕、铜缕3个等级,确立了分级使用的制度。曹魏黄初三年(222年),魏文帝(曹丕)为防盗墓,废除玉衣制度,到目前为止,尚未发现东汉以后的玉衣。

南越王赵眜的丝缕玉衣,当在汉武帝元狩元年(前122年)前制作,要早于河北满城汉墓中山靖王刘胜及其妻窦绾的金缕玉衣10年左右。这件丝缕玉衣是我国迄今为止所见年代较早的一套完整玉衣,而且是从未见于文献和考古发掘的新类型。其上衣采用对襟形式也是一大特色。这为研究中国古代玉衣制度的源流提供了新的材料。丝缕玉衣部分玉片的外观与广东曲江石峡遗址出土的玉器相似,它应是南越国宫廷所特制。

丝缕玉衣

组玉佩

组玉佩又称玉佩组饰，是指由玉璧、玉璜、玉环等器件，配以玛瑙、水晶等饰物组合成的贵重装饰品。墓主组玉佩由32件玉、金、煤精、玻璃等不同质料的饰件组成，自胸至膝，长约60厘米，覆盖在玉衣上的组玉璧上。

南越王墓共出土组玉佩11套，有3套可根据出土位置复原。墓主的这一套最为华丽。它以双凤涡纹璧、透雕龙凤涡纹璧、犀形璜、双龙蒲纹璜四件玉饰自上而下作为主件，将整串玉佩饰分为4个组段，中间配以4个玉人、5粒玉珠、4粒玻璃珠、2粒煤精珠、10粒金珠、壶形玉饰、兽头形玉饰各1件，玉套环居于最末端，形成了一套大小有别、轻重有序、色彩斑斓的华贵佩饰。

其中双凤涡纹璧直径6.9厘米，厚0.35厘米。青玉雕成，灰黄色土沁，璧面为涡纹，璧下两侧各透雕一凤。玉璧的上下方各有一圆孔，双凤涡纹璧位居组玉佩最上端，上孔可用于佩挂，下孔串线以串连其他佩饰。

▷ 组玉佩

▽ 双凤涡纹璧

▽ 龙凤涡纹璧

第二章 世所罕见的出土文物

龙凤涡纹璧直径7.2厘米，通宽10.2厘米，厚0.25厘米。青玉雕成，灰黄色土沁。圆璧内透雕一游龙，身躯卷曲，张口露齿，挺胸翘尾，似欲腾飞疾驰。璧的两侧各透雕一凤，左右对称，好像攀缘于璧上，回首外望。

犀形璜通长8.5厘米，高4厘米，厚0.45厘米，以透雕、起突的方法刻画出一只张目怒视的犀牛形象，犀牛有双角，脊背如鞍形，背上有一圆孔，长尾下垂向上回卷，与头部对称，前后肢蹲曲。

双龙蒲纹璜外弦长14.2厘米，厚0.35厘米。青白玉雕成，圆弧形。璜的两端雕龙头，头上有角，璜的顶部上下沿饰两组透雕云纹，上沿顶尖如蒂形，中有一圆孔。

这是目前汉代组玉佩中最为华丽、最为繁杂的一套，为研究古代组玉佩的演变和组合情况提供了丰富的实物资料。

▽ 犀形璜

▽ 双龙蒲纹璜

透雕龙凤纹重环玉佩

▽ 透雕龙凤纹重环玉佩

该玉佩出土于墓主玉衣头罩的右眼位置，由青白玉雕成，土沁呈黄白色。直径10.6厘米，厚0.5厘米。玉佩呈圆璧形，以圆圈分隔为内外两圈。内圈透雕一游龙，两爪及尾伸向外圈；外圈透雕一凤鸟，站在游龙伸出的前爪之上。凤冠及尾羽延伸成卷云纹将外圈空间填满。凤鸟回眸凝望游龙，龙凤似喃喃细语，妙韵天成。这件玉佩雕镂精细，构图完美和谐、主次分明，充满动感和灵气，是汉玉中不可多得的艺术珍品。它的图案被选为西汉南越王博物馆的馆徽。

玉容器

汉代玉制的容器十分罕见,用得也少。《史记》记载:"未央宫成,高祖奉玉卮,起为太上皇寿。"汉高祖刘邦在长安称帝后,给他父亲祝酒时,使用一个玉卮,而非金卮、银卮。鸿门宴时,刘邦赠予亚父范曾"玉斗一双",由此可见,玉容器在汉代是十分珍稀、高贵的。

在全国数以万计的汉墓中,出土的玉容器不过10余件。南越王墓随葬玉容器就有5件之多,其中的玉角杯、承盘高足杯皆属首见,鎏金铜框玉杯和鎏金铜框玉卮是制玉工艺与金属、漆木细工相结合的产品,在考古发掘中也属首见。

这些玉容器,除铜框玉卮出于西侧室外,其余4件均出自主棺室。

承盘高足杯

◣ 承盘高足杯

承盘高足杯放在南越王棺椁的头端。由高足青玉杯、金首银身游龙衔花瓣形玉托架、铜承盘三部分组成。玉杯下原有一圆台形木座,已朽。器物通高17厘米,玉杯高11.75厘米,铜盘外径23.6厘米。承盘高足杯由金、银、玉、铜、木五种材料制成,以玉杯为主体,呈三龙拱杯之势,工艺精巧,造型奇伟。

秦汉统治者迷信修仙之道,认为以甘露服食玉屑可以长生不死。承盘高足杯可能是南越王生前用来盛聚甘露的器具,因墓中同出有五色药石,可能与稍后的承露盘类似。史书记载,汉武帝于元鼎二年(前115年)曾在长安建章宫修造一个仙人承露盘,矗立于高台之上,用来承接甘露,和玉屑饮之以图长生。

角形玉杯

◤ 角形玉杯

角形玉杯出自墓主棺椁头箱，由一整块青玉雕琢而成，青白色，玉质温润致密，呈半透明状，口缘微损。

玉杯应是酒器，呈犀牛角造型，口椭圆，腹中空。高18.4厘米，口径5.8～6.7厘米，口缘厚0.2厘米，重372.7克。器表线刻一尖嘴兽，回环往复，生动逼真。

相传犀牛角的酒杯可以溶解毒物，玉虽不能解毒，但玉匠却借题发挥，匠心独运，就着玉石的开头施刀，综合运用玉雕的各种工艺（线雕、浅浮雕、高浮雕、圆雕、透雕），在器身巧妙布局各种纹饰，再经过细致的打磨，使得玉角杯两千年后仍然放射出温和恬润的光泽。这表明该时期的玉雕在章法布局、材料运用、技巧发挥等方面走向成熟。这件玉器，既是一件美轮美奂的工艺品，又是一件融传说于现实，引人遐思的实用品，是中国汉玉中不可多得的稀世之宝。

玉盒

︿ 玉盒

玉盒由青玉雕琢而成，玉质温润，晶莹透亮。出自墓主棺椁头箱，盖与盒身有子母口相扣合。通高7.7厘米，盖高3.55厘米，口径9.8厘米，重203.1克。

盒盖面隆圆，上面的一个桥形钮里所套的玉环可以活动。盖面的纹饰分为三区，盖顶近钮处为浅浮雕的8片花瓣纹；中间一圈是凸起的连涡纹；最外圈共8组纹样，4组云雷纹与4组阴刻的花蒂纹两两相间。三圈纹饰之间有突起的宽带纹为隔界。

盒身像个圆碗，外壁装饰有3圈纹饰：上圈4组凸起的勾连涡纹与4组阴刻的花蒂纹两两相间；中圈为阴刻的勾连涡纹；下圈靠近圈足处是一道索形的斜线纹。

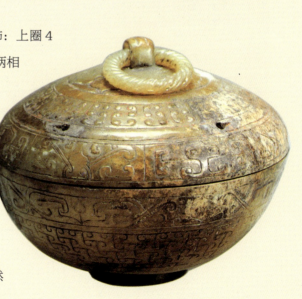

玉盒内外打磨光洁，雕镂精细。盖内有线刻的双凤纹饰，一凤回首，一凤朝前，相互缠绕，脚踩在一个圆圈上。盒盖原已破裂，在原有的钻孔旁加钻两个小孔，可以穿绳缝合，足见此玉盒在当时已属珍罕之物，破裂后仍然修补使用。

铜框玉盖杯

该玉盖杯出自墓主棺椁头箱中,通高16厘米,口径7.2厘米,杯身高14厘米。杯身是一个窗棂形鎏金铜框架,框内有浅槽,分为上下两截,上截嵌入8块竹片状的薄青玉;下截嵌入5块心形青玉片。杯体为八棱筒形,座足呈喇叭状。杯盖面圆形隆起,外沿为鎏金铜框,盖顶镶嵌一块螺纹青玉。这件艺术品体现出高超和成熟的汉代镶嵌工艺。

铜框玉盖杯

铜框玉卮

铜框玉卮出土于西侧室殉人周围，这说明了该殉人的身份之高。该器通高14厘米，身高12.7厘米，口径8.6厘米，底径8.3厘米，为古代的饮酒器。它由卮身和卮盖两部分组成，在制作工艺上利用了热胀冷缩的原理。卮身由九块独立玉片和一个鎏金铜框组成，先将铜框加热，然后再把打磨好的玉片镶嵌在铜框里，待铜框冷却后将玉片铆合牢固，形成一个九棱圆筒体。卮身的腹上部还镶嵌有一玉提梁，提梁成圆环形附尾。卮身的底部为一块圆玉片。卮身的下端附兽首形三短足。玉卮的口沿、底沿的九条壁框均为鎏金铜框，其上饰兽纹及几何图形，纹样锈蚀不清。卮盖为漆木圆盖，髹漆，上有朱漆线纹，但大部分已脱落。木盖周边还镶嵌有三个弯月形玉饰。整件器物有多层丝绢包裹的痕迹。

↗ 铜框玉卮

玉剑饰

墓主身旁有10把铁剑,其中有5把是玉具剑,共有玉剑饰15件。西耳室的一个漆盒内盛有用朱绢包裹的剑饰43件,按首、格、璲、珌4件一套,可配为8套。上述玉剑饰均为青玉制造,雕刻技法有线刻、浅浮雕、高浮雕、圆雕、双面透雕,多种技法综合运用。最为突出的是采用高浮雕刻出的游龙、螭虎、瑞兽,雕工精湛,形象逼真,神态生动,惹人喜爱。而双面鸟纹剑格,运用双面透雕的手法雕出鹦鹉,单脚伫立,回首对视,构图完美,雕工精巧,有鬼斧神工之妙,令人惊叹。

在同一个墓中出土款式众多、构图奇巧、工艺高超的玉剑饰,实为汉墓之冠。

玉舞人

↖ 玉舞人

出于西耳室，通高 3.5 厘米，最宽 3.5 厘米。舞人梳一右向横出螺髻，穿右衽的长袖衣，衣裙上刻有卷云纹，左手上扬至脑后，长袖下垂，右手向侧后方甩袖，头微右偏，张口做歌咏状。头顶有一小孔贯穿透底，应是用来穿系绶带的。

玉雕舞人在汉代诸侯王大墓中常有发现，但都是扁平玉块，两面线刻，这件圆雕玉舞人，在汉代玉雕中尚属首见，为研究中国古代舞蹈史提供了重要的实物资料。

三　铜器

南越王墓共出土青铜器500余件，是南越国青铜冶炼水平的重要实证。在同一时期的中原内地，由于铁器和漆器的广泛使用，青铜器已逐渐居于次要地位，但南越王墓和其他南越国高层统治者墓葬（如广西罗泊湾汉墓）中，青铜器仍占主要地位。南越王墓出土的青铜器，以乐器、酒器、炊器和服饰用器中的铜镜、熏炉最具特色。

越式铜鼎

墓中出土越式铜鼎17件，其中西耳室2件，后藏室15件。有两件大铜鼎（G3、G4）出自后藏室。广口，口沿外折成盘形，腹壁较直，大平底，下有3条直形扁足，足面有3道棱，口沿上直立两耳，方形，镂空，双角略上翘。从口沿至腹部有合范痕，耳与器身同时铸出。

岭南越族在春秋战国时期仅有少数部族能铸造青铜器。秦统一岭南后，一些身怀技艺的中原匠人来到岭南，青铜器及其铸造工艺也随之传到了岭南。岭南越族吸收了汉及与其毗邻的楚、滇的文化因素，创造了具有自身特征的越式青铜文化。

↖ 越式铜鼎

铜印花版模

西耳室出土了两件铜印花凸版，是目前发现的年代最早的一套织物印花工具。由大小两件组成，形体为扁而略薄的板状，正面有凸起的图案，背面光平，有一穿孔的小钮，可以用绳系住，便于执握。大的凸版长5.7厘米，宽4.1厘米，整体图案像一棵小树，树顶部有旋曲的四簇火焰，为主纹板。小的凸版长3.4厘米，宽1.8厘米，像一个丫字，上面的两角也是火焰状，为定位板。两凸版出土时用丝织物包裹，附近还有大量碳化的丝织物。在这些丝绢物中，发现有与印版图案相同的印花织物。

长沙马王堆一号汉墓曾出土两件成幅的泥金银印花纱，花纹的外形为菱形，用2或3块印花板分金、银、朱色3次套印而成。其中两个印版一大一小，均由细曲线纹组成火焰纹样，印出银灰色或银白色。另有一版印出金色或朱色小圆点（也可能手绘而成），套叠在

铜印花版模

菱形花纹中①。南越王墓出土印花纱局部花纹除火焰纹外，还有红色小圆点纹，与长沙马王堆所出花纹图案基本一致，应当也是用2～3套型版分次套印的。

据专家研究，马王堆出土的印花纱，每米织物上一共要打印1200次，而南越王墓印花纱只要打印600多次。就目前所知，印花版模的使用多见于7世纪之后。南越王墓出土的铜印花凸版为公元前2世纪，它们在中国纺织印染史及世界科技史上有非常重要的价值。

南越王墓出土的丝织物无论是在数量上还是在种类上，都非常之多。就出土实物统计，西耳室共出土有绢、纱、罗、绵、绮6类织物，每一类中又分别有不同的品种，如"绢"中，有绣绢、云母研

印花版模图案

绢、朱绢；"罗"类的有绛色纹罗、朱罗等。这些织物有的成批多层叠放，有的用于包裹陪葬器物，有的被做成铜镜、玉璧等的绶带。由于年代久远，这些丝织品已全部碳化，轻轻一碰就成齑粉。不过借助显微镜还可以清楚地看到其纹理结构，这对我们研究汉代纺织工艺水平有着十分重要的意义。

《汉书》记载汉文帝派太中大夫陆贾第二次出使南越国时，送给赵佗的礼物是"上褚五十衣，中褚五十衣，下褚二十衣"。褚衣是用丝绵做的衣服。赵佗答谢的礼物是白璧、翠鸟、紫贝和犀牛角等土特产。这似乎表示南越国在当时没有或者较少有高级丝织品。但从南越王墓出土的成批丝织物和印花版模来看，其数量和种类都不亚于马王堆汉墓，所以南越国应该有丝织业，并且还有十分先进的彩色套印花技术。

---

① 参阅湖南省博物馆等：《长沙马王堆一号汉墓发掘简报》，文物出版社1973年版；湖南省博物馆等：《马王堆二、三号汉墓发掘简报》，载《文物》1974年7期。

铜烤炉以及铜炊具

▽ 铜烤炉

南越文王墓出土饮食器有30多种400多件，依质地分为铜、铁和陶。器物则有鼎、壶、钫、瓿、釜、甑、烤炉、煎炉、盆、鉴、提筒、挂钩、勺、姜礤等。这些珍贵的器物是2000多年前岭南饮食文化的集中体现。这些器物表明当时的烹饪方式至少有烤、煎、煮、蒸多种。铜烤炉出土有3件，其中G40烤炉的底边四角铸有4只小猪，小猪嘴朝天，四足撑起，中空，用以插放烧烤用具，似乎跟今天的烤乳猪有某种渊源。G41烤炉铸造精致，并附有用以悬挂烤炉的铁链，炉底还附有可活动的圆轮，用以推动，同出的还有烧烤用的铁钎和铁叉，这是极为珍贵的汉代烧烤实物。另外，简易又实用的防蚁铜挂钩直至今天仍在沿用。

▽ 铜挂钩

铜镜

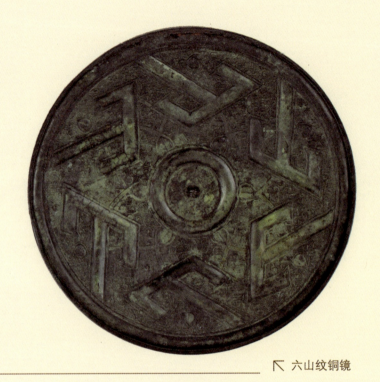

↙ 六山纹铜镜

春秋战国以来，青铜器逐渐为漆器所取代，但铜镜却一枝独秀且有新的发展。南越文王墓出土铜镜达39面之多，按纹饰可分为七大类；就产地而言，有楚镜、秦镜、汉镜、齐镜等。其中绘画铜镜2面，其中一面的画面较为清晰，漆绘二人斗剑比武、有四人袖手旁观的图案。而山字纹镜，是典型的楚镜，全国各地都有出土，境外的俄罗斯亦有出土。"山"字纹应是汉字"山"的变体，此类镜中有三山、四山、五山者，但六山纹镜，只有南越文王墓的这件为唯一的考古出土品，弥足珍贵。嵌绿松石带托铜镜在山东临淄战国墓曾出土一面，大小、工艺完全一致。这种镜的镜面背分，再用黏合剂将镜面套入镜托的凹槽中，合二为一。背面以鎏金、错金银、镶嵌宝石做装饰，制作精细。经化验，镜面的含锡量高达31.2%，镜面坚硬，亮度增强，利于照容，但质坚易脆裂。镜托的含铅量高，柔软，不易断裂。这种巧妙地刚（镜面）柔（镜托）粘合组成复合镜，是铜镜中的珍品。

四 铁器

南越王墓中各室都出土有铁器，共44种，246件，这是南越国墓中出土铁器数量最多、品类最丰富的一例。其中，手工工具大多出于西耳室，农具出于东耳室，兵器放在墓主的棺椁内外，大铁鼎等出于后藏室。其他几室出土一些小工具和器物构件等。

西耳室出土铁器近100件，还有500枚铁针。81件铁工具分装在一个木箱和一个竹筒中，这批工具多为制造竹木器的工具，种类繁多，有锤、锛、凿、铲、削、锉、利刀、服刀、锥等。

其中5件服刀十分少见，外套刻花骨鞘非常精致，是悬挂于腰间的刀具，发掘报告根据这一特点定名为"服刀"。此类刀出于木工具箱中，推测这可能是用于修治简牍的书刀。这两箱工具，造型优美，结构合理，适于操作，木工各种工序的专用工具都有，工具的制造工艺比较精细，反映了当时锻铁的高超技艺。

西耳室还出土1件铁铠甲，经中国科学院考古研究所修整复原，其为一件无立领、无袖、无垂缘，形状近于坎肩的铁甲①。推测共有709块铁片，用丝带编饰出的菱纹图案与咸阳杨家湾汉墓中出土的彩绘武俑铠甲上的菱纹图案相近，右胸现右肋系带开合的形式也沿袭和保存了秦甲遗风。这副铠甲与满城汉墓刘胜的铠甲大致相同，当为墓主人所穿。且其与中原地区的铠甲有差别，是一件很珍贵的标本。

---

① 广州市文物管理委员会等编：《西汉南越王墓》（上、下），文物出版社1991年版，第380~388页。

◤ 铁铠甲

◤ 铁铠甲复原照

东耳室出土铁器 12 件，其中 6 件为锸、锄等铁农具，均为实用器，有 3 件铁锸、1 件铁锄呈凹字形。这几种农具在汉代使用非常广泛，对于采用火耕水耨的粗放耕作方式的岭南农业具有重要作用。

主棺室出土有铁兵器和日用的镊子、削刀、刀等，共计 44 件。铁兵器中剑、矛、戟均为实用器，主室共出铁剑 15 件，其中有 5 件出于椁外，其余 10 件都出于棺椁内，它们均属于茎部特长的铁剑，在广州华侨新村，山东、山西汉墓中都出土过此式剑，可能是为上层贵族专制的。其中在墓主身体左侧的一把铁剑长达 1.46 米，为最长的一把汉代铁剑。

后藏室出有铁器 20 余件，除 1 件铁鼎外，其余皆为炊煮器的附件，有 3 足架、提链、钩、叉等。这件铁鼎是墓中所出唯一的铁鼎。广西平乐银山岭二十一号墓也出土过 1 件铁鼎，但出土时已锈蚀残碎①，因此，南越王墓出土的这件铁鼎是岭南遗存的唯一完整的铁鼎。铁鼎的造型与该墓出土的越式陶鼎类似，故名"越式铁鼎"，是岭南目前考古发现所见的最大的铸铁器。

① 广西壮族自治区文物工作队：《平乐银山岭战国墓》，载《考古学报》1978年第12期。

铁 剑

五　陶器

南越王墓出土陶器有 50 多种，共 300 多件（套），主要是容器、炊煮器和日用器。主棺室仅有 1 件陶瓿，出于门楣西侧，不知何用，足箱中出土 139 件仿玉陶璧。其他各室出土陶器的数量较均衡，后藏室最多，有 66 件，东耳室最少，也有 20 余件。其中陶罐最多，有 85 件；陶瓮 30 件，17 件出于墓道外藏椁，其中 3 件肩部有"长乐宫器"的戳记；陶鼎 14 件，只有一件是汉式鼎，其余皆为越式鼎。西耳室 1 件陶鼎的肩下部也有"长乐宫器"戳记。西耳室和后藏室出有陶响鱼和陶响盒 16 件，西耳室出土了 620 个网坠和 2 件陶提筒。

南越墓出土的陶器有三个特点：其一，半数以上为灰白色硬陶，火候较高，叩之声响清脆，彩陶较少；其二，仿中原汉式与岭南越式器型共存；其三，纹饰以印纹和刻画为主，构图基本为几何形，器型变化较多、制作精细，一些陶器有戳印文字。纹饰的施制可分为模印、拍印、施压、刻画、镂孔、附加堆纹和彩绘七种。

"长乐宫器"印戳

"长乐宫"器

↖ "长乐宫器" 陶瓮

"长乐宫器"陶瓮共出土3件,出土于墓道和墓室之间的外藏椁内。器表拍印方格纹与几何纹,肩部打印"长乐宫器"四字篆文。另有1件陶鼎(C263),出土于西耳室,其上也戳印有"长乐宫器"四字,它们应是"长乐宫"用器的标识。

长乐宫原是西汉著名的宫殿。它位于汉长安城的东南部,与其西的未央宫并列,是汉代太后的居所。

在以往发现的南越国官吏墓中也曾发现"食官""厨""居室"等戳印陶器。这些数量不少的带有汉朝宫官标识的陶器,是南越国宫室名称仿效汉朝的证明。

这些陶瓮应是贮存粮食和其他食品的器物。

陶提筒

↖ 陶提筒

陶提筒共出土2件，均广口直身，器身修长，平底无盖。出土于西耳室，两器内均有黑色的炭化物遗存。提筒内壁有明显的泥条盘筑痕迹。C88外壁中部饰弦纹，水波纹和刻划纹，高23.5厘米、口径19厘米、底径17厘米。C89外壁中部饰弦纹、箅纹与水波纹，高24.3厘米、口径21.5厘米、底径19.5厘米。

提筒是越族的典型酒器，较多地出土于越南北部地区。这两件提筒器型大方，火候高，纹饰简洁，可以视为南越国陶器代表。

六 玻璃牌饰

玻璃牌饰由长方形铜框和一块浅蓝色透明平板玻璃构成。墓中出土这类玻璃牌饰共11对22件。铜框表面有穗状纹饰,鎏金,出土时均发现有丝织物的包裹痕迹。经鉴定,蓝色透明平板玻璃的成分以氧化铅(PbO)和氧化钡(BaO)为主,铅、钡含量高达33%和12%以上,属于中国铅钡玻璃系统[①]。

玻璃,古代又称琉璃、玻黎、颇黎等,应是外来译音。中国最早发现的玻璃始于春秋末、战国初期,这一时期的玻璃器数量少,品种单一,样式以蜻蜓眼珠类的装饰品居多,化学成分以氧化钙(CaO)、氧化钠(NaO)为主,属于典型的钙钠玻璃。如在湖北省随县擂

↙ 蓝色玻璃牌饰

---

① 参阅广州市文化局编:《广州秦汉考古三大发现》,广州出版社1999年版。

鼓墩曾侯乙墓中出土的73颗蜻蜓眼式玻璃珠[①]就属此类。这时期的玻璃制品是中国自产还是"舶来品",中外学者目前分歧很大,尚无定论。战国中后期,玻璃制品的数量及品种有所增加,这一时期玻璃制品的氧化铅、氧化钡含量较高,且多产自以长沙为中心的湖南地区。

牌饰是具有鲜明草原文化特色的腰间饰物。20世纪50年代发掘的3座广州汉墓曾出土3对[②],现南越王墓共出土16对32件,其中双羊纹的3对,龙龟纹的11对。其中11对22件嵌平板玻璃牌饰应是仿匈奴牌饰制作而成,是南越国最高层贵族所特有的服饰佩件。

桓宽《盐铁论·力耕第二》载:"璧、玉、珊瑚、琉璃成为国之宝。"足见玻璃是当时的贵重物品。汉王朝也有很多使用玻璃的记载,如汉武帝在"元鼎年起招仙阁于甘泉宫西,编以翠羽麟毫为帘,青琉璃为扇""赵飞燕女弟居昭殿……窗扉是绿琉璃""得白珠如花一枝,汉武帝以赐董偃,盛以琉璃之筐"。[③]

这些蓝色玻璃牌饰是中国迄今为止年代最早的平板玻璃,十分珍贵,对研究中国古代玻璃制造业具有极其重要的意义。

---

① 参阅湖北省博物馆:《曾侯乙墓》,文物出版社1989年版。
② 参阅广州文物管理委员会等编:《广州汉墓》,文物出版社1981年版。
③ 参阅《汉武内传》。

第三章 岭南文化的多元性和兼容性(上)

一 秦汉时期文化区域的划分

所谓文化区域,一般是指具有相似文化特征的某个区域及其文化生成的历史空间。它不是一个简单的地理概念,而是一个文化时空概念。区域文化一般具有如下四个特征:一是文化的普遍性,每个区域都有其独特的文化标记,如行为方式、语言系统、经济体系、文化典籍、文化代表人物和一定的宗教信仰、价值观念等;二是文化的群体性,区域文化是区域群体的创造,其成员认同这种高度一致的群体文化,并对其有一种归属感;三是文化的继承性,每个文化区内的文化都在代代相传,如文化典籍、古代建筑、民风民俗等;四是文化的渗透性,各个文化区内的文化都在历史发展中不断接触、交流、相互影响和转化。① 中华文化是在中国这块古老的土地上产生、演化、发展起来的。在具体的演化、发展过程中,由于受历史、自然等因素的制约,在不同的地区形成不同的文化形态和文化特征,进而形成了诸多的文化区域。中华文化既有统一性,又有多元性和地域性。

中国文化区域的形成,由来已久。有学者指出,中国最早的诗歌总集——《诗经》中的《国风》部分按周南、召南、邶、鄘、卫、王(东周)、郑、齐、魏、唐、秦、陈、桧、曹、豳等15个地区汇编诗歌,以显示各地风土人情之异,是倡导文化地域类分的先声②。

---

① 参阅蒋宝德、李鑫生主编:《中国地域文化》,山东美术出版社1997年版。
② 冯天瑜:《中国文化史纲》,北京语言学院出版社1994年版,第45页。

春秋时吴国公子季札观乐于鲁,已能准确辨别卫风、齐风、唐风等不同乐曲的地域格调①。学术界普遍认为,至春秋战国时期,中国的文化区域格局已基本形成。"地理差异,从经济上制约了文化的区域构成;邦国林立,从政治上强化了文化的区域分野;大师并起,从学术上突出了文化的区域特色;而上古时代丰富多彩的民风遗俗的流播传扬,又形成了风格各异的区域文化氛围。"②李学勤先生把文献材料和考古成果综合起来,进一步将东周列国分为中原文化圈、北方文化圈、齐鲁文化圈、楚文化圈、吴越文化圈、巴蜀滇文化圈、秦文化圈七大文化圈,并进一步指出战国晚期以后,楚文化的扩展是东周时代的一件大事,随之而来的是秦文化的传布③。

秦始皇统一六国以后,建立了高度集权的专制主义大一统政权。"六合之内,皇帝之土。西涉流沙,南尽北户。东有东海,北过大夏。人迹所至,无不臣者。"④整个中国被纳入一个庞大的政治经济文化共同体之中。但由于中国地大物博,各地的经济文化发展极不平衡,先秦以来经过长期历史积淀而形成的中华文化的地域特色,并没有因为秦始皇的短暂统一而完全消失。在秦汉时代,中华文化在以中原文化为主体的前提下,依然呈现出多姿多彩的面貌,依然具有多元性、地域性的特点。"关西出将,关东出相"⑤"荆楚僄勇轻悍"⑥"齐俗宽缓阔达"⑦"骏马秋风冀北,杏花春雨江南"⑧,是说吴越多细腻婉约之人,燕赵多慷慨悲歌之士。对从春秋战国时期沿袭积淀下来的各地区民俗民风的差异,当时的学者司马迁、班固等也已经有了清醒的认识。司马迁在《史记·货殖列传》中,将全国划分

---

① 《左传·襄公二十九年》:吴公子札来聘……请观于周乐。使工为之歌周南、召南,曰:"美哉!始基之矣,犹未也,然勤而不怨矣。"为之歌邶、鄘、卫,曰:"美哉渊乎!忧而不困者也。吾闻卫康叔、武公之德如是,是其卫风乎!"为之歌王,曰:"美哉!思而不惧,其周之东乎!"为之歌郑,曰:"美哉!其细已甚,民弗堪也。是其先亡乎?"为之歌齐,曰:"美哉!泱泱乎!大风也哉!表东海者,其大公乎!国未可量也。"为之歌豳,曰:"美哉,荡乎!乐而不淫,其周公之东乎!"为之歌秦,曰:"此之谓夏声。夫能夏则大,大之至也,其周之旧乎!"为之歌魏,曰:"美哉,沨沨乎!大而婉,险而易行,以德辅此,则明主也。"为之歌唐,曰:"思深哉!其有陶唐氏之遗民乎!不然,何忧之远也?非令德之后,谁能若是?"为之歌陈,曰:"国无主,其能久乎!"自郐以下无讥焉。
② 冯天瑜、何晓明、周积明:《中国文化史》(第3版),上海人民出版社1990年版,第404页。
③ 李学勤:《东周与秦代文明》(增订本),文物出版社1991年版,第11、12页。
④ 《史记·秦始皇本纪》。
⑤ 《汉书·赵充国传》。
⑥ 《史记·淮南衡山列传》。
⑦ 《史记·货殖列传》。
⑧ 原为徐悲鸿1944年所题联:"白马秋风塞上,杏花春雨江南",后来吴冠中改为:"骏马秋风冀北,杏花春雨江南"。

为"山西""山东""江南"和"龙门、碣石北"4大基本物产区:"夫山西饶材、竹、穀、纑、旄、玉石;山东多鱼、盐、漆、丝、声色;江南出楠、梓、姜、桂、金、锡、连、丹砂、犀、玳瑁、齿革;龙门、碣石北多马、牛、羊、旃裘、筋角;铜、铁则千里往往山出棋置。"所谓"山西",指崤山或华山以西的地区,主要包括关中和巴蜀地区;"山东"大致包括秦统一前的六国故地;"江南"是指地广人稀,经济发展较为落后的楚越之地;"龙门、碣石北"是指以畜牧业为主的北方地区。在此基础上,司马迁又依据地理位置、农业生产条件、商业活动、重要都会、物产、民俗等诸多因素,将全国划分为关中、巴蜀、关中外围、河南、河东、河内、种和代、赵和中山、郑和卫、燕、齐、邹和鲁、梁和宋、南阳和颍川、西楚、东楚、南楚等17个区域。① 班固的《汉书·地理志》中记录了西汉末期颍川人朱赣对各地风土人情的不同描述。朱赣把全国划分为秦地、魏地、周地、韩地、赵地、燕地、齐地、鲁地、宋地、卫地、楚地、吴地和粤地等13个区域。这种划分,主要是按诸侯国故地所做的叙述。司马迁、班固二人对秦汉时期区域文化的划分方式,见仁见智,难分高下。

区域文化的研究有助于我们更好地了解我国的社会文化结构,有助于我们更好地把握我们民族时代精神的特质,有助于我们更真切地认识中国传统文化的全貌。因此,近年来,区域文化研究越来越引起学术界的广泛关注。有关秦汉时期区域文化的研究也取得了长足的进展。卢云先生的《汉晋文化地理》和王子今先生的《秦汉区域文化研究》堪称这一方面的力作②。王子今先生根据秦汉时期的地域文化特征,将全国划分为12个文化区,即关中文化、齐鲁文化、赵地文化、滨海文化、江南文化、河洛文化、北边军事文化、巴蜀文化、陈夏地区、西南夷、南越文化、西北边地,并对这12个文化区的人文社会面貌和民俗文化构成做了富有新意的概括和论述。

纵观数千年来对中国秦汉时期地域文化的认识和研究,我们不难发现,岭南文化,或者称南越文化、粤地文化,一直是中华文化的重要组成部分,一直是中国地域文化大家庭中的重要成员。"南越地区,是秦汉时期与中原文化保持密切文化联系又存在一定文化距离

---

① 侯甬坚:《区域历史地理的空间发展过程》,陕西人民教育出版社1995年版,第201、202页;葛剑雄认为《史记·货殖列传》中提到的是16个区域,无郑和卫,参阅谭其骧主编:《中国历代地理学家评传·司马迁》,山东教育出版社1990年版。
② 参阅卢云:《汉晋文化地理》,陕西教育出版社1991年版;王子今:《秦汉区域文化研究》,四川人民出版社1998年版。

的特殊的文化区。南越文化的特殊个性，是我们在考察丰富多姿的秦汉文化时不能不予以特别注意的。"①

20世纪80年代南越王墓的惊人发现，使我们对岭南文化的认识有了质的飞跃。当岭南文化的神秘面纱被逐渐揭开，其独特魅力开始展现的时候，"南蛮不蛮"的呼声从此日益高涨。我们从南越王墓的出土文物可以看出，该墓具有多种文化因素。除了以中原文化占主导地位的文物之外，还有带有南越文化、吴越文化、楚文化、秦文化、齐鲁文化、巴蜀文化、匈奴文化等诸多文化因素的文物。分析这些文化因素，对我们更好地把握岭南文化多元性、兼容性的重要特征，更好地认识岭南文化在中国地域文化中的地位和作用，更好地把握南越文化与中国其他地域文化的关系，进而更好地理解中国传统文化，无疑有着十分重要的意义。

---

① 王子今：《秦汉区域文化研究》，四川人民出版社1998年版，第204页。

二　秦文化因素遗物

所谓秦文化，是指存在于一定时间、分布于一定空间，主要由秦族、秦人及相关人群创造的具有自身特点的考古学文化遗存。它包括目前发现的相关遗存及其所反映的物质文化和精神文化两方面的内容。

秦始皇为征服岭南的越人，命尉屠睢将兵五十万，兵分五路，"三年不解甲弛弩"①，付出了惨重代价。与此同时，又进行了大规模的移民岭南的活动，其中见诸史书的移民活动就有四次之多。《史记·秦始皇本纪》载："三十三年（前214年），发诸尝逋亡人、赘婿、贾人略取陆梁地，为桂林、象郡、南海，以适遣戍……三十四年，适治狱吏不直者，筑长城及南越地……三十五年……益发谪徙边。"《史记·淮南衡山列传》载："又使尉佗逾五岭攻百越。尉佗知中国劳极，止王不来，使人上书，求女无夫家者三万人，以为士兵衣补。秦始皇可其万五千人。"有学者推测，秦帝国的这四次移民岭南的活动，移民总人数究竟多少，不得而知，但从第四次遣送15000名女子的规模来看，移民总数当不会少于6万人②。这些移民之中，既有文化水平较高的犯罪官吏，又有善于贸易活动的商贾，亦不乏掌握先进生产技术的农民与手工业者。他们的到来，给岭南地区输入了秦文化的新鲜血液。南越国的创立者赵佗是秦朝征服岭南地区的主要将领之一，他手下的将士和百官之中有很多秦

---

① 《淮南子·人间训》。
② 黄留珠：《秦汉历史文化论稿》，三秦出版社2002年版，第250页。

人。这些秦人之中，今可考的就有陕西关中人王道平，以及唐代龙川人韦昌明的先祖等①。有学者研究发现，南越国的官制基本上是仿秦而设②。南越国深受秦文化影响的事实是众所周知的，并为以南越王墓为代表的岭南地区的众多考古发现所证实。

在秦文化的丧葬习俗之中，殉人现象一直是学术界关注的一个焦点。殉人现象出现于母系氏族向父系氏族过渡的时期。上古时期，在世界范围内，如埃及、西亚、印度、中国、日本等地，都普遍存在着殉人现象。在我国，这种野蛮落后、丑陋残忍的习俗延续到春秋战国时期时，因遭到社会舆论的谴责，虽在列国之中仍广泛存在，但与夏商周相比，已大大减少。与此同时，以陶俑、木俑来代替活人殉葬的现象越来越普遍。在秦国却不然。东周时期，秦国墓葬的人殉数量、人殉规模、人殉比例要高于其他诸侯国③。秦国墓葬殉人之风十分盛行，时代愈早，殉人愈多④。公元前678年，"（秦）武公卒，葬雍平阳。初以人从死，从死者六十六人……穆公卒，葬雍。从死者百七十七人"⑤。这177人之中，就有《诗经·秦风·黄鸟》所歌颂和怀念的"三良"——奄息、仲行和鍼虎。20世纪80年代发掘的秦公1号大墓（秦景公墓），亦有殉人166人⑥。殉人数量之多，在山东诸国还未曾见到⑦。秦始皇死后，"二世曰：'先帝后宫非有子者，出焉不宜。'皆令从死，死者甚众。……尽闭工匠臧者，无复出者"⑧。"多杀宫人，生埋工匠，计以万数。"⑨更是把中国古代的殉人恶习推向了极致。西汉统一后，人殉制度趋于衰落，人殉现象大为减少。中华人民共和国成立后，发掘的10余座诸侯王墓和列侯墓中均未发现人殉⑩。但割据岭南的南越国政权却仍然保留了人殉的习俗。在南越王墓中，共发现殉人15具。属于南越王国贵族的广西贵县罗泊湾一

---

① 张荣芳、黄淼章：《南越国史》，广东人民出版社1995年版，第41页。
② 参阅余天炽：《南越国的官制沿革初探》，载《学术研究》1986年第3期。该文指出："就目前已知的南越国二十八个官名中，除有三个未可划定归属外，其余二十五个官名中，仿秦的占了二十个"，"就类别而论，南越国的中央和地方的政务官、军事官，全部仿照秦制"。
③ 黄展岳：《中国古代的人牲人殉》，文物出版社1990年版，第214页。
④ 王学理、尚志儒、呼林贵等：《秦物质文化史》，三秦出版社1994年版，第320页。
⑤ 《史记·秦本纪》。
⑥ 一说殉人为186人。今采用黄展岳先生说，人殉166人，人牲20人，见《中国古代的人牲人殉》，文物出版社1990年版，第214页。人殉与人牲有质的区别。人殉是供"用"的，一般是与死者关系亲密的"故旧"。人牲是供"食"的，一般用仇人、敌人和俘虏。
⑦ 王学理、梁云：《秦文化》，文物出版社2001年版，第197页。
⑧ 《史记·秦始皇本纪》。
⑨ 《汉书·楚元王传》。
⑩ 黄展岳：《中国古代的人牲人殉》，文物出版社1990年版，第242页。

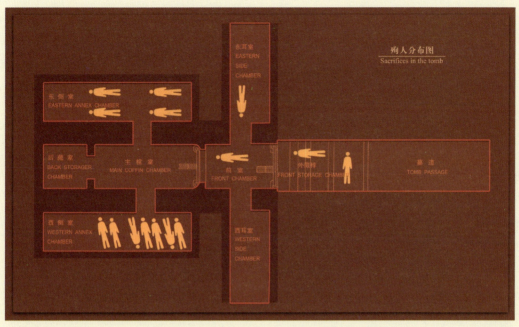

↖ 殉人分布图

号汉墓中有殉人 7 具，二号汉墓有殉人 1 具[①]。在南越王墓东耳室之中，有随葬木俑 2 个，说明南越国统治者已经注意到了木俑代替殉人的必要性。南越国一般官吏的墓葬中只有陶俑和木俑，并未见有人殉。如前所述，南越国上层多系秦将秦官，对秦制颇为熟悉，诸事和政令多行秦制。笔者以为，南越国上层墓葬中所使用的殉人制度，无疑是受了秦文化的影响，而不是有学者所说的仿效殷周遗制。

南越王墓中出土的剑、矛、戈、戟等众多兵器中，就有不少是秦国制造，由秦人带入岭南的。南越王墓东耳室出土的戈，有一件上有"王四年相邦张义……"字样的铭文。[②] "王四年"当为秦惠文王后元四年，即公元前 321 年。此戈当属秦平岭南时带来无疑，入葬时

[①] 黄展岳：《中国古代的人牲人殉》，文物出版社 1990 年版，第 241、242 页。
[②] 广州市文物管理委员会等编：《西汉南越王墓》（上），文物出版社 1991 年版，第 57~60 页。

↖ "张义"戈

距制造之年已有200年左右①。这件戈的背面刻有一个"錫"字,据李学勤先生考证,"錫"是地名,在今陕西白河县东,紧邻湖北,原属楚国,是秦国于后元十三年(前312年)从楚国夺取的。戈上这个置用地名应是后刻的②。据学者统计,迄今为止出土的秦统一前的带铭文的秦国铜兵器已有46件,其中秦惠文王时期的有6件③。这46件带铭文的兵器中,岭南地区出土了2件,除了上述南越王墓中的1件外,还有1件"十四年属邦"戈,是秦始皇十四年(前233年)制造的,出土于广州东郊萝岗的秦墓之中④。

---

① 广州市文物管理委员会等编:《西汉南越王墓》(上),文物出版社1991年版,第316～317页误为110年,特此纠正。
② 李学勤:《缀古集》,上海古籍出版社1998年版,第140页。
③ 王学理、梁云:《秦文化》,文物出版社2001年版,第203～207页。并请参阅陈平:《试论战国型秦兵的年代及有关问题》,《中国考古学研究论集——纪念夏鼐先生考古五十周年》,三秦出版社1987年版。
④ 麦英豪:《广州东郊罗冈秦墓发掘简报》,载《考古》1962年第8期。

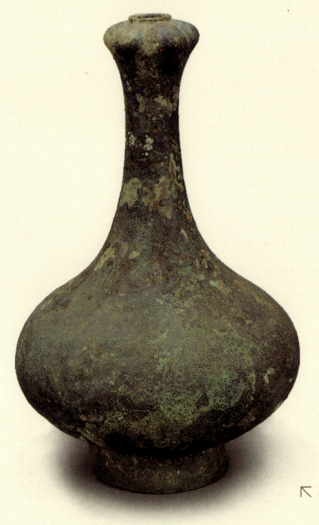

↖ 蒜头铜壶

    一般认为,蒜头壶起源于秦,最早可追溯至战国晚期,为秦人所创造,是秦文化的典型器物[1]。南越王墓后藏室出土了1件铜蒜头瓶[2],亦可称其为蒜头壶。这件蒜头壶是秦文化对岭南文化影响的又一实物证明。

---

[1] 李陈奇:《蒜头壶考略》,载《文物》1985年第4期。
[2] 广州市文物管理委员会等编:《西汉南越王墓》(上),文物出版社1991年版,第285页。

↖ 四叶龙凤纹铜镜

↖ 陶响鱼

↖ 陶响盒

　　南越王墓的东侧室，出土有四叶龙凤纹铜镜2面，均为内向连弧纹缘，当中以宽带纹绕成十字如四叶形，把纹样分割成内外两区，外区四组龙纹，内区四组凤纹。有学者发现这2面铜镜与陕西凤翔县秦墓出土的铜镜的纹饰大小都十分近似，进而认定其为秦文化的器物[①]。

　　南越王墓中出土了陶响盒7件、陶响鱼9件，这些陶制乐器，内装砂粒，摇动时"沙沙"作响，功能类似今天的"沙锤"。类似的陶制乐器，在秦都咸阳古城遗址中曾有出土。这批陶响器应与秦文化有直接的渊源关系[②]。

---

① 麦英豪：《西汉南越王墓随葬遗物的诸文化因素》，载香港博物馆编：《岭南古越族文化论文集》，香港市政局1993年版，第133页。参阅《西汉南越王墓》（上），第226、227页。
② 广州市文化局编：《广州秦汉考古三大发现》，广州出版社1999年版，第240页。

三 巴蜀文化因素遗物

巴蜀文化，是指春秋战国时期在今四川和重庆境内的以巴、蜀两国（部族）人民为主体所创造的文化。

巴蜀文化与岭南文化的交流与碰撞由来已久。在四川广汉曾经出土了商代的玉制端刃器——牙璋，它的形制与越南北部同时期出土的牙璋十分相似。有学者进而指出，远在商代，就已经存在一条由巴蜀地区到越南北部地区的文化交往的通道[①]。

公元前316年，秦灭蜀。蜀王子率残众南逃至今越南北部的红河下游地区，征服了那里的雒越部族，建立了自己的政权[②]。后来这个蜀国流亡政权被南越国赵佗所灭。《水经注》卷三七《叶榆河注》引《交州外域记》对这段史实有较为详尽的记载：

交州西昔未有郡县之时，土地有雒田。其田从潮水上下，民垦食其田，因名为雒民。设雒王、雒侯，主诸郡县。县多为雒将，雒将铜印青绶。后，蜀王子将兵三万来讨雒王、雒侯，服诸雒将，蜀王子因称为安阳王。后，南越王尉佗举众攻安阳王。安阳王有神人名皋通，下辅佐，为安阳王治神弩一张，一发杀三百人。南越王知不可战，却军住武宁县。按晋《太康记》，县属交趾。越遣太子名始，降服安阳王，称臣事之。安阳王不知通神人，遇之无道，通便去，语王曰：能持此弩王天

[①] 李学勤：《比较考古学随笔》，广西师范大学出版社1997年版，第196~204页。
[②] 关于蜀王子南迁交趾的具体路线，请参阅范勇：《古蜀民族南迁略考》，载江玉祥主编《古代西南丝绸之路研究》（第二辑），四川大学出版社1995年版。

下,不能持此弩者亡天下。逼去,安阳王有女曰媚珠,见始端正,珠与始交通。始问珠,令去父弩视之。始见弩,便盗以锯截弩讫,便逃归报南越王。南越进兵攻之,安阳王发弩,弩折,遂败。安阳王下船迳出于海……越遂服诸雒县。

赵佗灭安阳王统治的蜀国流亡政权,虽极富传奇色彩,但还是基本可信的。《交州外域记》已亡佚,徐中舒先生对这段记载有过缜密的考证。他认为该书成书于3世纪末,作者可能是东吴交趾太守士燮的幕僚,能看到交趾官府的旧档,所著史书信而有征①。

公元前135年,唐蒙奉汉武帝命令出使南越,南越国曾用蜀地的特产——枸酱招待他。唐蒙回到长安后,询问在长安的蜀商,才得知枸酱是由蜀商走私到今贵州境内的夜郎国,再从那里沿牂牁江(即西江)船运到南越国的。②西汉前期巴蜀商人的活动地域十分广泛,他们的足迹遍布长安、番禺等通都大邑。岭南和西南地区更是成为蜀商进行走私贸易的乐土。蜀商"窃出"到岭南地区的商品除了枸酱以外,还有僰僮、笮马、临邛铁器等。南越王墓中出土的铁器中,就有不少是临邛制造的。《史记·货殖列传》中提到的临邛商人程郑,因"冶铸,贾椎髻之民"而"富埒卓氏",司马贞《史记索隐》注释说"贾椎髻之民"就是"通贾南越也。"有学者指出,分布于越南北部地区,其时代在公元前3世纪至1世纪之间的东山文化,它的汉文化因素主要来自四川地区③。由此可见,南越国统治下的越南北部地区,与四川有着悠久而密切的交往历史。

 铜鍪

---

① 参阅徐中舒:《〈交州外域记〉蜀王子安阳王史迹笺证》,载徐中舒:《论巴蜀文化》,四川人民出版社1982年版。
② 《史记·西南夷列传》;关于蜀枸酱流入岭南地区的具体路线,请参阅张荣芳:《西汉蜀枸酱入番禺路线初探》,载广州市博物馆主编:《镇海楼论稿——广州博物馆成立七十周年纪念》,岭南美术出版社1999年版。
③ 童恩正:《试谈古代四川与东南亚文明的关系》,载《文物》1983年第9期。

↖ 铜鍪

　　巴蜀地区与岭南地区的密切交往，也为近年来的考古发现所证实。众多的考古发现表明，铜鍪最早出现于战国中期的巴蜀墓葬中，属于巴蜀文化的遗物，全国其他地方出土的鍪，应是秦人攻占巴蜀后，从巴蜀传播到那里的①。南越王墓出土铜鍪 16 件，其中西耳室 4 件，东侧室 1 件，后藏室 11 件②。南越王墓铜鍪的出土，充分反映出巴蜀文化对岭南地区的影响。

---

① 叶小燕：《试论巴蜀文化的铜器——兼论巴蜀与中原的关系》，载《中国考古学研究——夏鼐先生考古五十年纪念论文集（二）》，科学出版社1986年版，第121～134页；李学勤：《东周与秦代文明》（增订本），文物出版社1991年版，第167页。
② 广州市文物管理委员会等编：《西汉南越王墓》（上），文物出版社1991年版，第78、223、280页。

四 匈奴文化因素遗物

匈奴文化，是指以我国北方古老的游牧民族——匈奴为主体所创造的文化。匈奴文化是中国地域文化大家庭中重要而又特殊的成员。在司马迁《史记·货殖列传》中，匈奴文化虽然不在17个文化区域之列，但仍然属于"龙门、碣石北"这一大的基本物产区，也即大文化区域的范畴。考古发现表明，匈奴与岭南虽然远隔千山万水，但也有着千丝万缕的联系。当然，绝大多数情况下这种联系是间接的联系。张骞出使西域，为匈奴所扣，"单于留之，曰：'月氏在吾北，汉何以得往使？吾欲使越，汉肯听我乎？'"① 可见，匈奴对南越国的地理位置是很清楚的。

秦汉时期，匈奴势力达到鼎盛，他们曾经建立了强大的政权与中原王朝对抗。他们东灭东胡，西平月氏，其势力东到辽东，西达西域，北及俄罗斯境内南西伯里亚地区。他们创造的以动物纹为特征的匈奴艺术驰名中外，影响波及整个欧亚草原②。而动物纹样的匈奴艺术，以长方形青铜透雕牌饰最为典型，也最引人注目。这些青铜透雕牌饰，是匈奴人衣服革带上的装饰物，在新中国成立前曾经大量流入欧美古玩市场，引起许多西方考古学家和东方学家的重视，并在他们的论著中多有著录③。这些青铜透雕牌饰，在考古文献中通常被归入所谓"鄂尔多斯铜器"之列，其图案题材有双马、双牛、双羊、双驼、双鹿、双鸭、

---

① 《史记·大宛列传》。
② 田广金：《近年来内蒙古地区的匈奴考古》，载《考古学报》1983年第1期。
③ 乌恩：《中国北方青铜透雕带饰》，载《考古学报》1983年第1期。

◣ 双羊纹牌饰

◣ 龙龟纹牌饰

双龙、三鹿、虎豹、虎马、虎羊、虎鹰、虎驴、犬马、犬鹿、龙虎等，种类繁多，制作精美。这种牌饰在匈奴活动过的广大区域，即我国北方、蒙古人民共和国、俄罗斯外贝加尔和叶尼塞河中游地区都有大量出土[1]，但是汉族活动地区较少出土。[2] 在我国南方主要见于广州地区和广西平乐银山岭[3]以及云南境内西汉前期的墓葬中[4]，应该是这种铜牌饰流传最南的区域了。

---

[1] 乌恩：《中国北方青铜透雕带饰》，载中国社会科学院考古研究所编：《新中国考古发现和研究》，文物出版社1984年版，第483～484页。
[2] 在陕西长安县客省庄140号墓中曾出土双人角斗纹铜牌饰2件。见《1955—57年陕西长安沣西发掘简报》，载《考古》1959年第10期。
[3] 广西壮族自治区文物工作队：《平乐银山岭战国墓》，载《考古学报》1978年第2期。
[4] 张增祺：《云南青铜时代的"动物纹"牌饰及北方草原文化遗物》，载《考古》1987年第9期。

南越王墓出土双羊纹牌饰3对，龙龟纹牌饰2对，这5对鎏金动物纹铜牌饰具有浓郁的匈奴文化色彩①。类似的铜牌饰在广州南越国时期的墓葬中还曾经发现过3对②。其图案与南越王墓中的3对双羊纹图案十分相似。双羊纹是匈奴铜牌饰中常见的图案，而南越王墓中的2对龙龟纹图案的铜牌饰，至今在其他地方还较少发现，因而弥足珍贵。1983年和1985年，在宁夏同心县倒墩子村发掘的一处匈奴墓，出土了许多铜牌饰，其中就有双羊纹和龙龟纹，而且大小、纹样都与两广地区所出土的相同。③

在南越王墓中还出土了嵌蓝色平板玻璃的牌饰11对，这种牌饰在其他地方尚未发现，一般认为是仿匈奴铜牌饰而来，也是受匈奴文化影响的产物。但这11对与另外5对动物纹铜牌饰的最大区别还是它们的实用功能。这11对玻璃牌饰，有些每对其中一件的一侧有喙形钮，另一件的一侧有钮孔，表明它们不仅具有装饰意义，而且具有同带扣一样的作用，这种带扣，又可以称之为带鐍④。

在南越王墓墓主的玉衣面罩上，发现有8片羊头纹杏形金叶装饰品。以动物纹为特征的金银装饰品在内蒙古地区多有发现，是匈奴文化遗物中很有代表性的艺术品⑤。这8片杏形金叶，可能是匈奴文化的遗物。

匈奴文化风格的文物特别是铜牌饰为什么会出现在南越王墓中呢？有学者指出，秦王朝统一六国后，曾经发动了两次大规模的军事行动，北劫匈奴，南平南越。南越国中的原秦军将士，有的参加过北劫匈奴的战争，这些匈奴文化风格的铜牌饰就是他们带到岭南地区的⑥。我们认为，匈奴文化因素的铜牌饰除了在北方草原地区出现外，在岭南地区和西南夷地区也发现较多，而在广大的中原地区却很少出土，这一现象很值得注意和重视。除参加过北劫匈奴战役的秦军将士是这些匈奴文化因素的传播者之外，应该还有更深层的原因值得我们研究。

---

① 广州市文物管理委员会等编：《西汉南越王墓》（上），文物出版社1991年版，第21、165、224～225页。
② 广州市文物管理委员会等编：《广州汉墓》（上），文物出版社1981年版，第148页。
③ 麦英豪、黎金：《考古发现与广州古代史》，载《镇海楼论稿——广州博物馆成立七十周年纪念》，岭南美术出版社1999年版，第15页。请参阅宁夏文物考古研究所等：《宁夏同心倒墩子匈奴墓地》，载《考古学报》1988年第3期。
④ 孙机：《我国古代的带具》，载文物出版社编辑部编：《文物与考古论集》，文物出版社1986年版，第301页。
⑤ 麦英豪：《西汉南越王墓随葬遗物的诸文化因素》，载香港博物馆编：《岭南古越族文化论文集》，香港市政局1993年版，第128页。参阅田广金：《近年来内蒙古地区的匈奴考古》，载《考古学报》1983年第1期；伊克昭盟文物工作站：《内蒙古东胜市碾房渠发现金银器窖藏》，载《考古》1991年第5期。
⑥ 《广州市文物志》，岭南美术出版社1990年版，第101页。

↖ 羊头纹杏形金叶

1. 匈奴与岭南地区的密切交往

匈奴与岭南地区虽然远隔千山万水，但也有着千丝万缕的联系。

公元前3世纪末，在今天的中国大陆，几乎同时出现了汉朝、匈奴、南越三个强大的政权，呈现出"三足鼎立"的局面①。就汉朝而言，北有强胡②，南有劲越，"北胡南越"的政治格局实在是他们不愿看到的，但迫于形势，只能听任许多亡命之徒或叛逆者"不北走胡即南走越耳"③。"北胡南越"的局面也为"七国之乱"提供了可乘之机。"七国之乱"中反叛的诸侯都想利用匈奴和南越的力量来达到他们的目的④。我们还是来看西汉人的总结："及汉兴，冒顿始强，破东胡，擒月氏，并其土地，地广兵强，为中国害。南粤尉佗总百粤，

---

① 公元前209年，匈奴冒顿单于杀其父头曼单于自立，有"控弦之士三十万"，西破月氏，东破东胡，北服楼烦、白羊，统一大漠南北，建立强大的匈奴政权；公元前203年，秦南海尉赵佗在兼并秦桂林郡、象郡之后，自立为南越武王，建立了强大的南越国；公元前202年，刘邦在击败项羽后，称帝，建立汉朝。
② 陈直先生云："两汉人称胡为匈奴之专用名辞，汉瓦之'乐哉破胡'，汉镜之'胡虏殄灭天下复'，童谣之'丈夫何在西击胡'皆是也。"见《摹庐丛著七种》，齐鲁书社1981年版，第248页。林幹先生亦曰："两汉时期，'胡'是匈奴的专称，凡言'胡'者，大抵即指匈奴而言。"参阅林幹：《匈奴通史》，人民出版社1986年版，第156页。
③ 《史记·季布列传》。
④ 《史记·吴王濞列传》：……赵王遂亦反，阴使匈奴与连兵……（吴王）发使遗诸侯书曰："……寡人素事南越三十余年，其王君皆不辞分其卒以随寡人，又可得三十余万……越直长沙者，因王子定长沙以北，西走蜀、汉中。告越、楚王、淮南三王，与寡人西面。……燕王、赵王固与胡王有约，燕王北定代、云中，抟胡众入萧关，走长安……"　按：告越，《集解》如淳曰："告东越使定之。"《汉书·吴王刘濞传》颜师古注："此说非也。言王子定长沙以北，而西趣蜀及汉中，平定以讫，使报南越也。"又《集解》："吴芮后四世无子，国除。庶子二人为列侯，不得嗣王，志将不满，故诱与之反也。"

自称帝。故中国虽平，犹有四夷之患……诸侯郡守连匈奴及百粤以为逆者非一人也。"① 许多西汉人以为，秦王朝速亡的重要原因就是因为南征劲越、北伐强胡。"昔秦常举天下之力以事胡、越。"② "秦南擒劲越，北却强胡，竭中国以役四夷……"③ "（秦）遂失天下，祸在备胡而利越也。"④ "秦所以亡者，以外备胡、越而内亡其政也。"⑤ 因此主张吸取秦亡的历史教训，反对对匈奴和南越用兵。就匈奴和南越而言，面对共同的敌人和对手，正可谓"同恶相助，同好相留，同情相成，同欲相趋，同利相死……"⑥ 这使得他们很容易走到一起，成为天然的盟友和战略上的伙伴。匈奴帝国的存在和强大，大大减轻和缓解了汉朝对南越国的军事压力，为南越国的生存和发展提供了广阔的空间。众所周知，南越国的创建者赵佗是正定人，其家乡毗邻匈奴活动区域，与匈奴有着很多直接与间接的接触机会。他对匈奴的强悍和强大应该有清醒的认识，他的孙子取名"赵胡"（赵眛），应该并非偶然。匈奴与南越国的官方交往，虽然史无记载，但我们有理由认为这种交往是完全有可能的。在岭南地区的南越国时期的墓葬中出土了多件具有匈奴文化因素的文物，就是这一时期两地密切交往的证明。

汉武帝即位后，开始着手解决"北胡南越"的问题。公元前133年，汉朝30万大军在马邑诱击匈奴失利，汉匈之间旷日持久的战争从此全面爆发。"孝武皇帝愍中国疲劳无安宁之时，乃遣大将军、骠骑、伏波、楼船之属，南灭百粤，起七郡；北攘匈奴，降昆邪十万之众，置五属国，起朔方……"⑦ 公元前111年，汉朝消灭南越国，汉武帝更加不可一世，匈奴失去了一个战略伙伴，面临的军事压力陡然增加。《汉书·武帝纪》载："元封元年（公元前110年）冬十月，诏曰：'南越、东瓯，咸伏其辜，西蛮、北狄，颇未辑睦。朕将巡边陲，择兵振旅，躬秉武节，置十二部将军，亲帅师焉。'行自云阳，北历上郡、西河、五原，出长城，北登单于台，至朔方，勒兵十八万骑，旌旗径千余里，威震匈奴。遣使者告单于曰：'南越王头已悬于汉北阙矣。单于能战，天子自将待边。不能，亟来臣服，何但亡匿幕北寒苦之地为！'匈奴詟焉。"

---

① 《汉书·韦贤传》引王舜、刘歆廷议。
② 《盐铁论·复古》。
③ 《盐铁论·结和》。
④ 《淮南子·人间训》。
⑤ 《盐铁论·备胡》。
⑥ 《史记·吴王濞列传》引应高语。
⑦ 《汉书·韦贤传》引王舜、刘歆廷议。

2、与汉朝的战争——匈奴与岭南交往的一条可能途径

匈奴与岭南地区的交往主要以间接交往为主。而他们与汉朝的战争，则是匈奴与岭南地区交往的一条可能的途径。两汉出征岭南地区的两位最高统帅——西汉平定南越国的伏波将军路博德，东汉镇压交趾征侧、征贰起义的伏波将军马援，都有过与匈奴作战的经历。《史记·卫将军骠骑列传》载："将军路博德，平州人，以右北平太守从骠骑将军有功，为符离侯。骠骑死后，博德以卫尉为伏波将军，伐破南越，益封。其后坐法失侯。为强弩都尉，屯居延，卒。"《后汉书·光武帝纪》载："建武二十年（44年秋，马援自交趾还），会匈奴入右北平，诏以事示援，遂自击北边……十二月，伏波将军马援出定襄。"由此不难想象，他们的手下将士中，有不少人也应该和他们一样有着南征岭南、北伐匈奴的经历。在战争中，他们把缴获的匈奴物品带到岭南，或者，把缴获的岭南地区的物品也带到匈奴地区，这种事情是很可能发生的。这些汉朝将士，不自觉地充当了匈奴与岭南文化交流的媒介。

3、南迁的氐、羌——匈奴与岭南交往的桥梁

早在新石器时代，在今四川西部一带有一条自北而南的"民族走廊"。长期以来，在这条"民族走廊"上，民族迁徙十分频繁，特别是战国以后，氐、羌等南下的游牧民族，把许多北方草原文化因素带到云贵高原，传播给西南夷，再经西南夷东传到岭南地区。关于战国以后氐、羌民族的南迁，史书缺乏记载，马长寿先生也认为："羌族入云南，我们在历史上是找不到任何根据的。"① 但考古发现和许多学者研究表明，氐族和羌族是两个是非常悠久的民族，早在公元前16世纪至前11世纪就已经活跃在我国的北方，由于种种因素，他们不断向西、向南迁徙乃至蔓延于中国的整个西部。沿着"从东北至西南的边地半月形文化传播带"，我国北方民族很早就有向南迁徙的迹象。有研究者指出："氐、羌民族形成后，受到中原王朝的挤逼，亦不断地沿着此路线南下，并逐渐与云贵高原的土著民族与外来民族融合，形成了今天的云南各族……根据文献记载，氐族的迁徙似乎只局限于我国北方，特别是秦、雍一带，并不涉及云南。羌族虽然分布直至越嶲，是否进入云南也没有直接的证据。但事实是，氐、羌民族不仅有迁入云南者，且人数、次数亦绝不可以等闲视之。

---

① 马长寿：《南诏国内的部族组成和奴隶制度》，上海人民出版社1961年版，第20页。

众所周知，越嶲郡为汉时云南郡县。那么，把居于越嶲境内的越嶲羌视为羌族南迁云南的一个证据，应不为过。退而言之，即使以今天的云南地域论，不把它作为南迁云南的证据，以其与云南的地域之接近、关系之密切，当也定然有越嶲境内的羌人自然扩散而至云南①。有学者认为，根据云南古代民族和文化的分析，云南青铜时代的外来文化（笔者按：指北方草原文化），主要是由石棺墓民族的"白狼"人及牦牛羌和嶲人等北方游牧民族传播的。而最早接受这些文化，并受其较大影响的云南土著民族，则是滇西地区的"昆明"人。随着"昆明"人和其他南迁游牧民族的东移，外来文化亦随之传入滇池区域②。南越国曾"以财物役属夜郎，西至同师（今云南保山一带）"③，其势力曾影响到云贵高原地区，与夜郎、滇和昆明等都有十分密切的联系。④ 笔者在此基础上，进一步推断，以匈奴文化为主体的北方草原文化正是通过南迁的氐、羌民族和西南夷间接传播到岭南地区的。因此，民族迁徙，具体而言，就是氐、羌等游牧民族南迁，是匈奴文化因素间接传播到岭南地区的又一条可能的重要途径。

南迁到川西和云贵高原的羌族，由于与匈奴同属游牧民族，风俗习惯相似，因此与匈奴仍保持十分密切的关系，到西汉前期，这些羌族在匈奴的胁迫下与西域诸国一起成为匈

---

① 段玉明：《氐、羌民族南迁云南考》，载云南省社会科学院历史研究所编：《中国西南文化研究（2）》，云南民族出版社1997年版。
② 张增祺：《云南青铜时代的"动物纹"牌饰及北方草原文化遗物》，载《考古》1987年第9期。关于云南青铜时代外来文化的传播者，日本学者白鸟芳郎（《石寨山文化的担承者》，载《石棚》1976年第10期）有过系统的阐述。他认为，北方草原文化的传播者，即《史记·西南夷列传》上所说的"昆明"。张增祺先生认为，将北方草原文化或中亚地区文物带入云南的北方游牧民族，既不是同一时期或同一路线进入的，也不全都是羌人。根据文献记载和大量考古资料，北方草原文化的传播者，大致有以下几种民族：（一）石棺墓的主人——"白狼"羌人。考古学界普遍认为，川西及滇西北地区石棺墓的主人，就是游牧民族的"白狼"人及其先民。滇西北德钦、丽江等地石棺墓中发现不少北方草原文化遗物。"白狼"又称"白狼羌人"，属甘青高原古羌人的一支。根据放射性碳素测定，德钦纳古石棺墓的时代约为公元前9世纪。（二）牦牛羌人。据《后汉书·西羌传》记载，牦牛羌原系古羌人的一支，于秦献公初立时（公元前384年）南迁至今四川南部及云南北部，后来成为西南地区的游牧民族之一。（三）嶲人。《史记·西南夷列传》载，云南古代民族中有嶲人。嶲人即中亚地区的"塞人"，他们和斯基泰民族的关系最为密切。"塞人"原是锡尔河和伊犁河流域的游牧民族，主要分布在巴尔喀什湖和伊塞克湖一带。据说塞人在公元前8至前3世纪，主要活动在阿尔泰山至帕米尔的一大片土地上，和周围的游牧民族有广泛的联系。约在公元前3世纪，由于蒙古草原匈奴的强盛，原居于敦煌和祁连山一带的大月氏人在冒顿单于的攻击下，不断逃入伊犁河流域。大月氏人大规模的向西移动，势必要挤走不少当地的塞人。他们中有的散居于"疏勒以西北"；有的被挤至今阿富汗、伊朗、巴基斯坦和印度等地；也有的"南走远徙"，通过青藏高原沿横断山脉河谷进入滇西地区。这些南迁的塞人，就是《史记·西南夷列传》所说的"嶲人"，《后汉书·西南夷传》上的"塞夷"。
③ 《史记·西南夷列传》。
④ 参阅周永卫：《南越王墓银盒舶来路线考》，载《考古与文物》2004年第1期。

奴的"右臂",与汉朝对峙。这种情况直到公元前121年汉武帝控制河西走廊之后才彻底改变。《汉书·西域传》载:"孝武之世,图制匈奴,患其兼从西国,结党南羌,乃表河曲(王先谦《汉书补注》:王念孙谓"曲"当为"西"之误),列四郡,开玉门,通西域,以断匈奴右臂,隔绝南羌、月氏。单于失援,由是远遁,而幕南无王庭。"《后汉书·西羌传》亦载:"至于汉兴,匈奴冒顿兵强,破东胡,走月氏,威震百蛮,臣服诸羌……及武帝征伐四夷,开地广境,北劫匈奴,西逐诸羌,乃度河湟,筑令居塞;初开河西,列置四郡,通道玉门,隔绝羌胡,使南北不得交关。"

对于汉朝隔绝羌人与匈奴的交通,羌人不甘心,匈奴人也不情愿。他们多次努力,想方设法恢复联系,但都被汉朝瓦解。《汉书·武帝纪》载:"(元鼎五年,公元前112年)……西羌众十万人反,与匈奴通使,攻故安,围枹罕。……六年……遣将军李息、郎中令徐自为征西羌,平之。"《汉书·赵充国传》载:"元康三年(前63年),先零遂与诸羌种豪二百余人解仇交质盟诅。上闻之,以问充国,对曰:'……至征和五年(前88年),先零豪封煎等通使匈奴,匈奴使人至小月氏,传告诸羌曰:汉贰师将军众十余万人降匈奴。羌人为汉事苦,张掖、酒泉本我地,地肥美,可共击居之。以此观匈奴欲与羌合,非一世也。……疑匈奴更遣使至羌中……宜及未然为之备。'后月余,羌侯狼何果遣使至匈奴借兵,欲击鄯善、敦煌以绝汉道。充国以为'狼何,小月氏种,在阳关西南,势不能独造此计,疑匈奴使已至羌中……宜遣使者行边兵豫为备'"。

4、匈奴与岭南交往的路线

考古发现证明,早在新石器时代,从我国西北的甘肃、青海到西南的西藏、四川、云南之间,存在着被学术界公认的一条"民族走廊"。[①] 童恩正先生进一步指出,在我国从东北至西南有一个半月形的文化传播带,从新石器时代后期直至青铜时代,活动于这一区域之内的为数众多的民族留下了许多共同的文化因素[②]。

西汉前期,汉朝继承了秦朝的疆域,最西部是陇西郡。在公元前121年匈奴浑邪王杀休屠王,并其众4万余人降汉之前,整个河西走廊都在匈奴人的控制之下,沿河西走廊南

---

① 费孝通:《关于我国民族识别问题》,载《中国社会科学》1980年第1期。
② 童恩正:《试论我国从东北至西南的边地半月形文化传播带》,载《文物与考古论集》,文物出版社1987年版。

下，经今天四川西部地区，可以直达今日云南、贵州境内的西南夷地区，再经过西南夷地区到达南越国。从河西走廊到四川西部的路线就是蒙文通先生所指出的"自蜀郡经冉駹北出一道。"①巴蜀和西南夷地区是沟通匈奴与岭南地区的桥梁。在西汉前期，巴蜀商人异常活跃，他们把蜀地的商品远销至中亚、东北亚等地，他们充当了岭南和西南地区走私贸易的主角②。他们把蜀地的特产——枸酱经夜郎国贩运至番禺③。汉代的牂牁江就是今天的珠江（西江），蜀商就是通过牂牁江把枸酱经夜郎贩运至番禺的④。可见，由匈奴到岭南地区，有一条畅通的道路。通过这条路线，匈奴与南越国之间曾经有过诸多直接与间接的联系。

---

① 蒙文通：《四川古代交通线路考略》，载蒙文通：《古地甄微》，巴蜀书社1998年版。蒙文通先生言："自张骞所言及遣使路线观之，显然当有自蜀郡经冉駹北出一道。"
② 周永卫：《西汉前期的蜀商在中外文化交流史上的贡献》，载《史学月刊》2004年第9期。
③《史记·西南夷列传》。
④ 张荣芳：《西汉蜀枸酱入番禺路线初探》，载《镇海楼论稿——广州博物馆成立七十周年纪念》，岭南美术出版社1999年版。

第四章 岭南文化的多元性和兼容性(下)

五 南越文化因素遗物

秦汉时五岭以南的广大区域泛称南越，秦以前，两广地区除了番禺、桂林、苍梧、博罗等小地名外，尚不见大的区域名词。《史记·秦始皇本纪》："三十三年，略取陆梁地，为桂林、象郡、南海，以适遣戍"，所谓"陆梁地"，应该是指居住着强悍越人的山陆地带[①]。《吕氏春秋·恃君览》虽然也提及"百越"——"扬、汉之南，百越之际，敝凯诸、夫风、余靡之地，缚娄、阳禺、驩兜之国，多无君"，显然这里的"百越"实泛指扬州和汉水以南的广泛的土著[②]，它包括吴、越、南蛮、百濮以及瓯骆等，并非专指五岭以南地区。

秦末大乱，赵佗封关自守，占据岭南，建立南越国，自号南越武王。为什么称南越，大概是缘于战国晚期大辩论家惠施的认识："我知天下之中央，燕之北，越之南。"[③] 即以为地是圆的，燕国在中国（中原）的最北，越国在中国（中原）的最南，从燕国往北走，可以到达最南的越国。反之，从越国一直往南走，也可以到达燕国。赵佗建立的南越国，应该得之于这个地理知识，认为五岭在越国（东越）之南，故称南越——广东新石器时代的石峡文化和江浙良渚文化有密切关系似乎可为这一说法找到依据。虽然我们现在知道岭南并不在越国的正南方。

---

① （唐）张守节：《史记正义》。
② 于城：《古百越族的变迁》，载《岭南文史》1983年第2期。
③ 参见《辞源》"惠施"条。

南越在地域内至少还可分为西瓯和骆越，前者中心似在今广西贵县①，后者在今越南北部和云南南部②，其内部族群很多，他们应是今天苗、瑶、壮、黎等民族的祖先。

作为物质文化的遗存，陶器因为制作相对简便且易于保存下来，所以是我们今天所见的最具有地域特点、最能反映区域文化风貌的器物。1916年在广州东山龟岗发现了一座南越国时期的木椁墓，因椁板上刻有许多数字编号而轰动一时，国学大师王国维也为之专门写下跋语，现代考古学上的专有名词"几何印纹陶"最初就是用来命名该墓出土的陶器的。先秦越人的制陶工艺十分高超，陶器的火候高，胎质坚细，器型别致，纹饰美观，石峡文化③、博罗银岗遗址④等都出土有精美的陶器，南越国时期的陶器由它们发展而来，但风格明显简化，应是大的时代变革而引起的结果。彭适凡先生著有《中国南方几何印纹陶》一书⑤，对印纹陶的演变做了详细的分析。南越王墓的一批陶器具有鲜明的地区文化特色，而类似的陶器曾出现于湖南长沙的西汉墓和福建武夷山的闽越国城址⑥中，其工艺应是受南越国的影响而在本地仿制的。

南越王墓出土陶器达300多件（套），从组合、制作工艺、器型及纹饰可以肯定均在本地制作，器形有瓮、罐、瓿、鼎、壶、提筒、盒、盆、釜、甑、熏炉等，现择其要而介绍。

---

① 参阅广西壮族自治区博物馆编：《广西贵县罗泊湾汉墓》，文物出版社1988年版。
② 参阅中国古代铜鼓研究会编：《中国古代铜鼓》，文物出版社1988年版。
③ 曾骐：《石峡新石器遗址的文化因素分析》，载广东省博物馆、曲江县博物馆编：《纪念马坝人化石发现三十周年论文集》，文物出版社1988年版。
④ 广东省文物考古研究所：《广东博罗银岗遗址发掘简报》，载《考古》1998年第7期。
⑤ 参阅彭适凡：《中国南方古代印纹陶》，文物出版社1987年版。
⑥ 参阅杨琮：《闽越国文化》，福建人民出版社1998年版。

"长乐宫器"大陶瓮

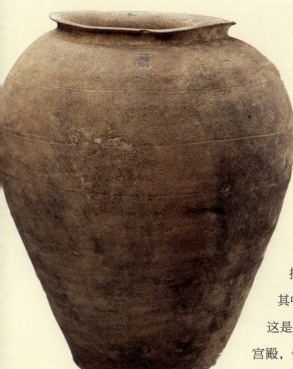

墓中出土陶瓮达30件,可分为两种器型,其中Ⅰ型18件,Ⅱ型12件。器型特征为敛口、卷唇,器身较高,肩腹部鼓圆突出,腹下部收敛成小平底,器身用泥条盘筑后拍打成型。器底为后加,泥坯从口部往里塞入。器表拍打方格纹外加几何戳印,共有7种不同的图案。其中有3件陶瓮的肩部印有"长乐宫器"四字篆文,这是"长乐宫"用器的标识。长乐宫为西汉时著名的宫殿,位处汉长安城东南部,原为秦的宫殿,先为皇帝所居,自汉惠帝居未央宫后,长乐宫便为太后之宫[①]。这件器物从侧面反映南越国仿效汉长安城建置宫殿,但器物却是典型的岭南器物,这在广州汉墓中有大量出土[②]。

瓮中所存物品已全朽无痕,在广州其他汉墓的同类器物中曾发现有黍、梅、橄榄等粮食和果品,也有鸡骨和猪骨,可见这种器物是墓主生前用以盛放粮食和其他食品的。

↙ "长乐宫器"大陶瓮及其戳印

---

① 参阅(清)顾炎武:《历代宅京记》,中华书局1984年版。
② 参阅广州市文物管理委员会等编:《广州汉墓》(上、下),文物出版社1981年版。

瓿壶

↙ 瓿壶

墓中出土瓿壶3件,其中墓道出土的一件(H45)十分精致。该壶高15.3厘米、口径2.8厘米、腹径18厘米、底径13.7厘米。器身矮肥,小口微敛,短颈,扁圆腹,大平底,肩部附贴一对四线的半环形耳,耳座成卷曲形,自肩以下施精细的刻画纹,肩腹间为五周篦纹与弦纹相间,最上一周是垂直的,以下四周均为斜纹,腹部最突出的位置刻画三线水波纹,体现了南越地域的近水特性[①],西耳室出土的一件(C135)为外侈形小口,其余部位的特征和前述相似。在纹饰方面,由肩及腹排列多线弦纹7周,其间分布有斜刻篦纹以及水波纹。

---

① 参阅彭适凡:《中国南方古代印纹陶》,文物出版社1987年版。

提筒

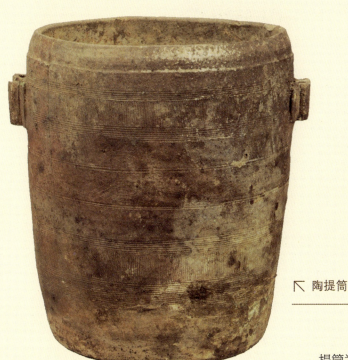

▱ 陶提筒

提筒为南越盛酒器皿，南越王墓出土有2件陶提筒（C88，C89），均在西耳室。出土时两器内均有黑色的碳化物，由此可知提筒也有其他用途。其特征为广口、直身，器身修长，平底无盖，为泥条盘筑法做成，腹部有两方形贯耳，腹外壁饰弦纹、箆纹与水波纹，十分精致秀美。其中C88高23.5厘米、口径19厘米、底径17厘米。

瓿

△ 陶瓿

墓中共出土瓿14件，可分四型。其中C44出土于西耳室，小口直唇，斜肩，扁圆腹，平底，肩部有双线半环形耳，带卷角形钮座，有盖，盖钮也为双线半环形。肩腹部有四组多线弦纹与四组刻划纹相间，最下为多线水波纹。C254，敛口，直唇，斜肩，鼓腹，平底，带盖。以中部为分界，其上部为7组三弦纹，近中部的三线绚纹为随手刻画，不甚规划。瓿体下部为拍印方格纹加菱形戳印纹。器盖面从钮座向外分5周匝，以三线凹弦纹相间隔，四周饰斜线点纹。出土时，里面盛有药物。

熏炉

墓中出土陶制熏炉两件，其中一件（E28），出土于东耳室，喇叭形底座，子母口合盖，盖面较平，正中饰一鸟状立钮，盖面饰斜方格纹，中部有两圈三角形镂孔，器身饰篦纹和弦纹，通高10.3厘米。另一件（F19）出土于西侧室，为灰色硬陶，浅腹圜底，盖顶端有立鸟形钮，盖面镂几何形气孔，周边压印篦纹，炉身划水波纹，腹下部饰两周弦纹，通高8.5厘米。南越王墓还出土有铜熏炉（见后文）。

除多种多样的器型外，南越王墓出土的陶器的纹饰十分具有地域特点，它们多以方格纹做地纹，用刻有多种几何图形的戳印陶拍在未干的器坯上逐层拍打，纹饰有菱形、四叶形、组合形等。这种戳印的几何图形在西汉初年涌现并在陶器纹饰中占主导地位，或许是受战国以来肖形印的影响而发展起来的。

↖ 陶熏炉

除陶器之外，南越王墓还出土有其他一些具有本地特色的器物：

珍珠枕

珍珠枕出土于墓主头部之下，重达470多克，珠不正圆，为天然珍珠，未加工，直径在0.1～0.3厘米，在头箱的一个大漆盒中还出土了4117克珍珠，珠粒较前者为大。众所周知，南越境内的合浦盛产珍珠，据《淮南子·人间训》记载：秦始皇"利越之犀角、象齿、翡翠、珠玑，乃使尉屠睢发卒五十万……"进军岭南。南珠一直为世所重，是南越地进贡中原的重要礼品。珍珠枕为考古首次发现，同期的其他汉墓中一般只出土铜枕、玉枕、药枕等。

↙ 珍珠

越式铜鼎

第四章 岭南文化的多元性和兼容性（下）

↖ 越式铜鼎

　　南越王墓出土的铜鼎，有类似中原的"汉式鼎"，上有"蕃"或者"蕃禺"等铭刻，显然是本地铸造的；也有楚式鼎（C265）和越式鼎。其中越式鼎更具地域特色，以C37为例，出土于西耳室，深圆腹，平底，三直足，足微向外撇，其断面为半月形（"汉式鼎"为蹄形足），长方形附耳，是原汁原味的本地式样，这类鼎在南越王墓中共出土17件，数量和墓中出土的中原汉式鼎相当。

铜挂钩

↖ 铜挂钩

墓中共出土五件铜挂钩（C40、C41、C54、C55、C56），均出自西耳室，造型、大小相同，是当时越人的常用具，其中C40通长25.5厘米，钩长12.5厘米。器型为一倒置铃形，这种器物至今在广东农村仍有使用，俗称"气死蚁"，使用时，在铃形器内注水，可以防止蚂蚁爬到挂钩上而吃到悬挂的食物。南方多鼠蚁，在云南傣族的干栏式建筑物中，当地人常置一瓷碗在一层和二层的屋柱交界处以防鼠蚁，二者有异曲同工之妙。

铜提筒

在越南同期遗址中出土有大量的陶、铜提筒,应为当地的生活用器。关于提筒的来源,黄展岳先生有专门的论述①。最值得一提的是纹饰,通过与铜鼓以及云、贵、越南等地相近纹饰的比较,我们可以知道,在南越国内部,在岭南广袤的土地上,南越、骆越、西瓯关系密切,甚至与滇国、夜郎都有相应的交往关系。

《史记·南越列传》云,吕后禁南越关市铁器时,赵佗叛汉自立为南越武帝,一面攻打北面的长沙国,一面用"财物赂遗闽越、西瓯、骆越,役属焉";同时,"南越用财物役属夜郎,西至同师";"夜郎侯始倚南越"。

↘ 铜提筒

---

① 黄展岳:《铜提筒考略》,载《考古》1989年第9期。

另外，赵佗向中原汉朝输出的有翠羽、孔雀、犀角、象牙等，从生态环境看，当亦产自西南部。这说明南越国内部的贸易是有一定规模的。

由于越人处山行水，船亦可作为越文化的早期特征之一，《吕氏春秋·贵因篇》："如秦者，立而至有车也；适越者，坐而至有舟也"；《淮南子·本经训》："胡人便于马，越人便于舟"；《汉书·严助传》说越人"习于水斗，便于用舟"；《越绝书》载，越人"以舟为车，以楫为马，往若飘风，去则难从"。至于铜提筒上的羽人、羽冠，以及海龟、海鸟等无不具有地方特色。

南越王墓出土的铜提筒，有可能是受骆越人的影响而在本土仿制，也有可能通过贸易交换得来，或者是骆越首领以提筒盛放方物进献于南越国皇帝的。南越王墓铜提筒与越南北部的东山文化的提筒也相类同。

铜熏炉

墓中共出土铜熏炉5件。以C173为例，炉体由四个方口圆底小盒组成，平面呈"田"字形，各小盒互不相通，四小盒共一方形炉盖，盖面顶尖隆起，并各有半环钮1个。盖顶及炉体上部的气孔均作菱形镂空，从浇铸的痕迹看，其盖、炉体和座足是分铸的，四个分离的炉体铸成后，嵌入座足的内范中，在浇铸足时才合成。可以说，这是一件十分精致的越式熏炉，铸为一体的四个小盒应是用来燃点四种香料的。其他如F20、B60等为单体，F20炉体呈长方形，炉身下部折收，下边方柱形炉锅，锅体上粗下细，炉体四面镂空出相同的波折纹。从工艺及镂刻的纹饰看，亦应是本地熏炉无疑。湖南汉墓中曾有这类越式熏炉出土，应是双方文化交流的结果。熏炉所用的香料，大部分来自东南亚、南亚及西亚，在岭南和西南边境地区也有出产。广州作为岭南百物聚集之地，这一时期的广州汉墓中大量出土熏炉不是偶然的。

◸ 四连体铜熏炉

铁环首刀

↖ 铁环首刀

墓中共出土3件（A6、C123、C124），广西花明山岩画上常有此类刀具图案，它是最具有骆越文化特色的器物之一①。此外，云南江川李家山西汉中期墓出土环首刀3件②；广州横枝岗西汉中期墓亦出土有一件铁质大环首刀③；广西平乐银山岭战国墓M26④和贵县西汉墓也出土有不少环首刀⑤。

---

① 参阅王克荣、邱钟仑、陈远璋：《广西左江岩画》，文物出版社1988年版。
② 云南省博物馆：《云南江川李家山古墓群发掘报告》，载《考古学报》1975年第2期。
③ 参阅广州市文物管理委员会等编：《广州汉墓》（上、下），文物出版社1981年版。
④ 广西壮族自治区文物工作队：《平乐银山岭战国墓》，载《考古学报》1978年第2期。
⑤ 广西壮族自治区文物工作队：《广西贵县罗泊湾一号墓发掘简报》，载《文物》1978年第9期。

六 吴越文化因素遗物

班固具有远见卓识,在他所撰写的《汉书·地理志》中,将汉成帝时丞相张禹的属员朱赣所罗列的各地风俗附在篇末,使今天的我们得以了解秦汉时的区域风俗及文化的划分。在此之前,《史记·货殖列传》虽已有相对完善的论述,但比起《汉书·地理志》,《史记·货殖列传》所载尚不够完善与系统。

依据《汉书·地理志》的描述,吴越地区包括临淮郡南部,会稽郡北部以及九江、六安、庐江、丹阳、豫章等郡国,略相当于今天江苏、安徽两省淮水以南地区及江西省。[①]

朱赣是这样描述吴地的:"吴东有海盐章山之铜,三江五湖之利……豫章出黄金,然堇堇物之所有,取之不足以更费。江南卑湿,丈夫多夭。"又云:"寿春、合肥受南北湖皮革、鲍、木之输。"在这种环境下的吴人,其实并非徒"好用剑"而已,自春秋后期吴王阖闾、战国楚春申君以及汉初吴王刘濞相继"招致天下之娱游子弟",文化有明显发展。

古代越族种姓复杂,号称百越,《汉书·地理志》引颜师古注曰:"自交趾至会稽七八千里,百越杂处,各有种姓。"他们的显著特点是"文身断发,以避蛟龙之害"。浙江东部的越人在春秋时期建立了越国,战国之初越国强盛而灭吴,进入中原与齐、晋会盟,并受封为诸侯,这一地区的民俗与吴相类,多"轻死易发",从《越绝书》的记载来看,吴越两国不但风俗相同,而且疆界很难区分。

[①] 周振鹤主编:《中国历史文化区域研究》,复旦大学出版社1997年版,第125页。

南越王墓出土的吴越文化器物有三件，详情如下：

句鑃

一套八件，出土于南越王墓东耳室后壁，器型基本相同，器体硕重，胎壁较厚。其柄、身合体铸出。柄作扁方形实柱体，上粗下细，舞面平整呈橄榄状，器体上大下小，口部呈弧形，一面光素，另一面阴刻篆文："文帝九年，乐府工造"，分两行平等排列，每件分刻"第一"至"第八"的编号。其中"第一"句鑃最大，通高64厘米，重40千克，以下递减；"第八"句鑃最小，通高36.8厘米，重10.75千克。

句鑃，最早是一种手持的打击乐器，最早出土于吴越地区，因有铭刻"句鑃"而得名。这套句鑃有"文帝九年，乐府工造"字样，应是南越国乐府所铸，"文帝"指的是南越王赵眛，"文帝九年"为公元前129年。

句鑃为古吴越乐器，流行于春秋战国时期，在安徽、江苏、浙江都有出土。南越王自制句鑃，说明南越国时期该地区流行吴越地区的乐舞。传世的姑冯句鑃，其铭云："以乐宾客，及我父兄"，绍兴出土的3件配儿句鑃，有铭"以宴宾客，以乐我诸父"，都说明其宴享的作用。另外，绍兴战国墓中出土大小依次递减的11件青铜句鑃，属于实用器，而且这11件器可能是战国句鑃的最高组合①。以上资料可以说明句鑃在吴越地区的流行，而南越王墓出土的句鑃是岭南地区目前所见唯一的句鑃实物，也是目前所见形体最大者，因而十分珍贵。

句鑃

① 参阅马承源主编：《中国青铜器》，上海古籍出版社1988年版。

铜鉴

↙ 铜鉴

南越王墓共出土了3件铜鉴,均出自后藏室,可分为二型,Ⅰ型两件,子母口,微敛,鼓腹上有凸棱,凸棱上方近口沿处有对称双耳,并有套扣提链。其中G38腹上部两侧有双环形耳,双环形耳内各衔一节链环,链环上再扣上一个拱形提手。腹上部和口沿下加饰凸棱,二凸棱间饰一周躯体较宽的蟠螭纹,器体内装有鸡、猪、牛、羊的骨头以及鱼、龟等海产。G39器壁素面无纹,腹上侧有对称耳,耳为两头蹲伏虎形兽,兽口做成环状,内装鸡、牛、猪的骨头和花龟等。Ⅱ型鉴底有3个短小方形足,耳、足系铸后焊接,底部有明显的合范痕,器腹上有四组纹饰,第1、3组是以蟠虺纹做地的细点圆纹,纹样如小珠突起,第2组是两条绹纹带,第4组为蝉纹,呈下垂三角形,做工精致。

《说文解字》:"鉴,大盆也。"其用途是用以盛水或食物。在铜镜未出现以前,古人常用它来盛水照容,《国语·吴语》:"王其盍亦鉴于人,无鉴于水。"《庄子·德充符》:"人莫鉴于流水,而鉴于止水。"但南越王墓出土的铜鉴应是用以盛放食物的。

G38的造型、大小与江西清安出土的徐国盥盆相似,这说明南越和吴越两地有一定的文化交流。

铜铎

↖ 铜铎

南越王墓出土铜铎2件,一件出于西耳室,一件出于后藏室。后藏室的一件(G86),器壁厚重,铎身上狭下宽,两铣尖长,甬为实心长柄,柄端呈圆环状,钲部正面刻一"王"字。

铎是一种乐器,盛行于春秋战国时期,有舌,振之发声,铎的钲部短阔,口部呈凹弧形,顶部有长方内空的銎,用以纳木柄,器身内顶部正中有环,用来悬舌。铎以舌质的不同,可分为金铎和木铎,一般"文事奋木铎,武事奋金铎"。铎也可以作为舞具,马王堆汉墓就有执铎而舞的图案。

刻有"王"字的兵器过去多被认为是楚国的,但1981、1986、2003年发掘的浙江绍兴袍谷战国遗址中出土了一件属于越文化遗物的"王"字青铜矛,这对认定南越王墓的"王"字铎是有意义的。

南越文化和吴越文化的关系在石峡文化时期就见端倪,石峡文化具有相当多的江浙良渚文化因素①,说明两地间的交往是密切且源远流长的。

---

① 参阅曾骐:《石峡新石器遗址的文化因素分析》,黎家芳:《石峡文化与东南沿海原始文化的关系》,载《纪念马坝人化石发现三十周年文集》,文物出版社1988年版。

七 齐鲁文化因素遗物

第四章 岭南文化的多元性和兼容性（下）

齐鲁文化在春秋战国时代具有鲜明的地域文化特色，自古就以"蚕桑女红"闻名，而许多政治家、思想家、军事家都在这一地区施展过自己的雄才大略。春秋时，齐桓公以管仲为相，实行改革，富国强兵，九合诸侯，一匡天下，成为春秋五霸之首。战国时期，齐国雄踞东方，为战国七雄之一。齐的都城临淄，"车毂击，人肩摩，连衽成帷，举袂成幕，挥汗成雨，家敦而富，志高而扬。"① 齐鲁文化在当时的中国是处于领先水平的。

南越王墓出土了一件带托铜镜（C231），镜托直径29.8厘米，边厚0.7厘米，

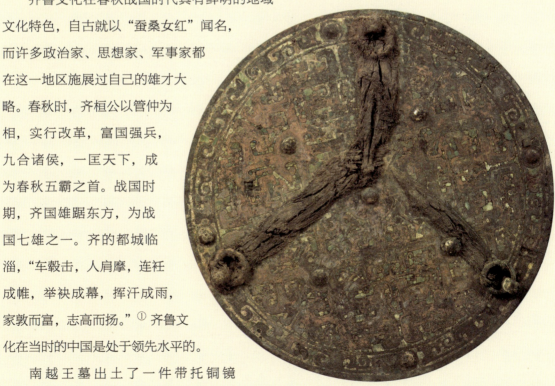

带托铜镜

---

① （西汉）刘向：《战国策·齐策一》。

镜面与镜托先分铸，再用黏合剂将镜面套入镜托的凹槽中，合二为一。背面以鎏金、错金银、镶嵌宝石做装饰，制作精细。经化验，镜面的含锡量高达31.2%，所以质地坚硬，亮度很高，利于鉴容。而镜托的含铅量高达56.5%，质软，不易断裂，在铸铁柔化技术出现以前，这种刚柔相济的办法，实在是一种创举。

1964年在山东省临淄出土有一件战国时期的金银错镶嵌绿松石铜镜，现藏山东省博物馆。镜托直径29.8厘米，厚0.7厘米，镜背构图作四等分，饰云纹，在粗线条的云纹上错以金丝，地纹嵌绿松石，还嵌有银质乳钉九枚[①]，与南越王墓出土的这件似是同一模子铸出，几乎一模一样的两件文物出土于不同时代的南北两地，可说明二者的渊源关系。

---

① 《临淄文物志》编辑组：《临淄文物志》，中国友谊出版公司1990年版，第150页。

八 楚文化因素遗物

楚文化因周代的楚国和楚人而得名，是一种区域文化，它同其东邻的吴越文化和西邻的巴蜀文化一起，曾是盛开在长江流域的三朵区域文化之花①。从春秋中期开始，它便领导标新，与中原文化竞趋争先，并有后来居上之势。

按楚文化专家张正明先生的划分，楚文化有六个要素，其一是青铜器冶铸工艺，其二是丝织工艺和刺绣工艺，其三是髹漆工艺，其四是老子和庄子的哲学，其五是屈原的诗歌和庄子的散文，其六是美术和乐舞②。前三者属物质文化的内容，后三者属精神文化的范畴。其中，第一点在南越王墓出土文物中表现最突出。第二、三点因墓中文物的保存不充分不易说明。南越王墓的楚文化因素主要表现在以下方面。

---

① 张正明：《楚文化史》，上海人民出版社1991年版，第1页。
② 张正明：《楚文化史》，上海人民出版社1991年版，第3页。

首先，从墓的形制看。

南越王墓正中是主棺室，周围有前室、东西耳室、东西侧室和后藏室。墓门外又设外藏椁室，显然是从楚墓的椁室设头箱、足箱和左右边箱的形制演变而来，主棺室内的一棺一椁、头箱、足箱等也显然是从楚制。墓室壁画上的卷云纹图案明显具有楚文化漆器纹饰的风格。

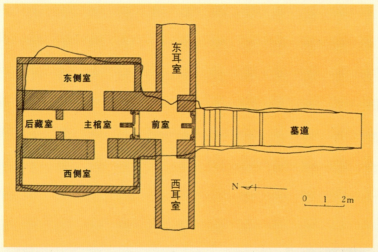

墓的形制

墓室壁画上的卷云纹图案

其次，从墓内随葬物来看。

虎节

错金铭文铜虎节

虎节铸成蹲伏虎状，但头、足的转折位置及脸部皱纹等均用粗线条勒，层次清楚。虎的毛斑以金片错出，具有极强的立体效果，下面有错金铭文"王命命车驻"五字，应释为"王命命车徒"，是用以征调车马的信符。

现出土的节多在楚地，有1957年安徽寿县发现的"鄂君启节"[①]；1946年在长沙发现的铜龙节[②]。此外，唐兰先生曾记载有"王命命传赁"铜虎节，与长沙出土的龙节铭文相同而造型却与南越王墓的虎节极为相近[③]，据传其出土于楚的最后的政治中心——寿春（今安徽寿县）。可以确定，南越王墓的虎节是典型的楚器。

---

① 殷涤非、罗长明：《寿县出土的"鄂君启金节"》，载《文物》1958年第4期。
② 流火：《铜龙节》，载《文物》1960年第Z₁期。
③ 唐兰：《王命传考》，载《国学季刊》1941年6卷4号。又可参阅中国历史博物馆编著：《华夏文明史图鉴》（第二卷），朝华出版社2002年版，第17页。

楚式鼎

↗ 楚式铜鼎

楚式铜鼎出土于西耳室。器型高大，敛口，深圆腹，圜底，长方形附耳，高蹄足。蹄足为高浮雕尖嘴兽，衬以卷云地纹，蹄足为 13 棱柱体，器表有丝绢，竹笥残片，应为入葬时的包裹物。鼎通高 42 厘米、口径 31.5 厘米、腹径 35 厘米、腹深 17.5 厘米。

这是南越王墓中出土的唯一的东周楚式鼎，应该是战国时楚王室重器，同秦军的南下有密切关系。

铁器

↗ 铁锛

南越国的铁器来自长沙国。因为吕后禁止铁器南运，导致了赵佗对长沙国的报复战争。南越王墓的铁器除越式鼎、削刀和刮刀外，如斧、锛等，都具有鲜明的战国楚器特点，应来自楚地。

铜镜

△ 绘画铜镜

南越王墓的大批铜镜和中原各地战国时期的铜镜在铸造工艺、纹饰图案等方面都基本相同，尤其和"楚式镜"更为相近。这些镜包括 C145-T3 绘画镜，其绘画风格与马王堆一号汉墓的帛画相似，此外还有 B35、F75 四山镜，F66 六山镜，F17、F33 缠绕式龙纹镜等。楚国是战国时期铜镜制造业最为发达的地区。在两广上百座战国墓中，除了南越王墓，只有肇庆北岭松山战国墓出土一面，而该墓许多随葬品直接来自楚国。由此看来，楚铜镜也是在秦末汉初开始大量输入岭南地区的。

九 反映多种文化因素的单件遗物

玉舞人

南越王墓出土的6件玉舞人（C137、C259、C258、E135、E125、E158）中，有5件均为跳楚式长袖舞（除C258之外）的造型，这说明楚舞在南越宫廷中的盛行。

《史记·楚世家》记载："楚庄王好美女，曾左抱郑姬，右抱越女，坐钟鼓之内"，古诗又云"楚女腰肢越女腮"，说明了楚地曾有越之舞女。特别是C137号玉舞人，梳一右向横向螺髻，着右衽长袖衣、绣裙，扭胯并膝而跪，左手上扬至脑后，长袖下垂，右手向侧后方甩袖。头微右偏，张口做歌咏状。此为迄今首见的汉代圆雕玉舞人，是越女跳楚舞的形象，是一件楚越文化融合的精绝之作。

圆雕玉舞人

漆木大屏风

主棺室东壁竖放了一件座屏,因漆木朽坏,鎏金的青铜构件倒塌在东壁下,根据出土位置和痕迹,被复原为一座高约1.8米,长3米的双面彩绘屏风。该屏风结构均衡,整体呈"门"形,在屏风的顶部、翼障下及转角处都有华丽的鎏金铜托座。这座折叠式屏风是目前我国考古发掘中年代最早的西汉实用屏风。

屏风顶由独具汉文化色彩的双面兽形饰和朱雀做装饰。两翼障下是蟠龙形铜托座,龙首高昂,足踏双蛇座。前两足做半蹲状,成行进姿态,瞪目张口,口内蹲一青蛙,耐人寻味。转角处有人操蛇托座,塑造了一个越人操蛇的形象,正中的托座亦以绞缠的蛇为装饰,

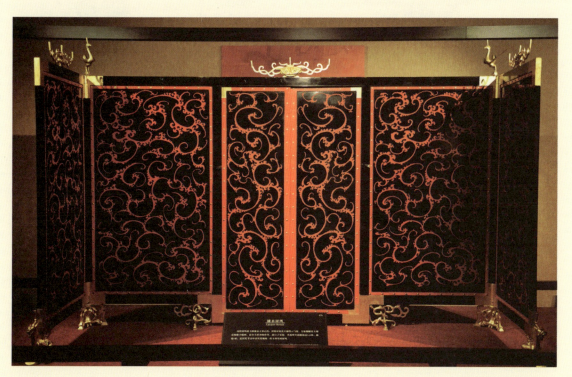

漆木大屏风

↖ 人操蛇托座

↖ 蟠龙铜托座

充分显示出越文化的特色。屏风漆木虽朽，但从残存的漆片中仍可见屏风以黑漆为底，饰红色彩绘的卷云纹图案，极具楚文化色彩。它是汉代岭南地区汉、楚、越文化融合一体的典型实证。

其顶饰是具汉文化特色的双面兽和朱雀；漆木屏壁上绘有红黑两色的卷云纹图案，具有鲜明的楚文化特点；而人操蛇的鎏金铜托座为一跪坐的力士用口衔蛇，双手操蛇的造型，力士低鼻大眼、着短裤与短袖葛衣、跣足，从服饰、体态看为典型的越人无疑，而食蛇也是古代越人传统；至于蟠龙形托座，将龙、蛇、蛙三者结合在一起，是一件造型艺术的精品。蛇、蛙曾是古越人图腾，而龙是中原人崇拜的四神之一，蛇缠青蛙，龙踩住蛇保护青蛙，似乎在讲述某个传说中的图腾神话故事，反映了多民族观念习俗走向一体化的过程。

十 南越国时期多元文化融汇的根源和对岭南文化的影响

通过对南越王墓的多元文化因素进行分析，我们知道在南越王墓中有至少9种区域文化因素的器物并存，这其实是战国以来政权由纷争走向统一，文化由多元化走向一体化的必然结果。但是在全国40余座诸侯王墓中，这么多文化因素的器物并存，南越王墓是唯一一例，这就不能不引起我们的思考：形成这种状况的人文根源何在？它对"得风气之先"的岭南人的文化性格又有何影响呢？

文化传统需要较长时间才能形成，而自然环境又是形成区域文化性格的重要因素之一。由此，时间和环境是形成传统的重要原因。

岭南地区北依五岭，南临辽阔的南中国海和太平洋，属亚热带季风气候。五岭地势由北向南逐渐变低，成为阻隔岭南与中原的天然屏障。在岭南区域内，水域纵横，舟楫便利；东江、西江、北江几大支流汇合成珠江向南浩浩入海，牂牁江把岭南和巴蜀地区紧密相连。秦始皇时修筑的灵渠又密切了岭南和楚地除陆路之外的联系。

就是在这种特定的地理环境下，形成了岭南地区的文化特色——一种扇形的以水为主要媒介的文化，且具有海洋文明的特点。同时，它又是内陆文明和海洋文化的桥梁——五岭成为阻隔岭南与中原的天然屏障，地形地貌使之成为相对独立的地区，为本地经济的长期稳定发展提供了条件。所以，在秦汉之际就有所谓"秦亡越霸之象"的说法，晋代就有"永嘉世，天下荒，余广州，皆平康"的民谚。这里远离中原的政治中心，较少受到政权更迭而导致的负面影响，逃避战乱、去国离乡的谪客等南迁之民必然带来他们所在区域文化的物品或生活模式进入岭南地区，和当地人民的融合不可能不对当地文化形成影响。另一方面，中原文化只要在外力的作用下（如秦军南下，汉设置九郡等）越过高高的五岭，就可以像冬季风一样，在辽阔的岭南大地畅通无阻。岭南地区便利的水路交通，也为各地越族文化间的交流提供了前提。岭南面向辽阔的海洋，地理环境决定了它是出海口，也是中国大陆和海外进行交往的一个"门户"，是大陆文明和海洋文明的桥梁。再加之岭南出产的犀角、象牙、翡翠、珍珠等奇珍异宝一直受中原王朝的喜爱，除了"利越之犀角、象牙……"而进行的战争之外，大部分交流是通过商业贸易进行的，所以，岭南的中心城市——番禺（今广州）也就自然而然地成了"一都会也"，于是"中国往商贾者，多取富焉"。因此，地理环境已经决定了岭南地区自古以来就是多种文化的融汇之地，是中外文化交流的桥梁。

这种特殊的地理环境，这种以水为主要交往媒介的文化，这种介于大陆文明和海洋文明之间的文化，使岭南人具有广阔的视野，既善于吸收，也善于融入其他文化之中（前面所提到的南越王墓出土的漆木大屏风就是一个十分典型的例子），同时也使他们具有敢想敢干的创新和冒险精神。

就时间而论，任何传统，任何文化性格的形成都需要长时期的培养。新石器时代的石峡文化开辟了岭南文化善于吸收和创造的先河，经过上千年发展，至秦汉时便形成了文化融汇的鼎盛之势，之后便长盛不衰——佛教禅宗的最早入境地点、隋代始修建的南海神庙、民主革命的策源地等都在岭南。正是由于几千年来源源不断的文化融汇，促进了岭南地区的经济和文化发展，使岭南人获益良多，同时也为岭南文化的包容性提供了新鲜血液。赵佗、惠能、韩愈、苏轼、海瑞、容闳、孙中山等都成了历代岭南文化融汇的中介人物。这种良性循环使岭南文化永远充满生机和活力，而我们不能忽略有着承上启下作用的南越国时期。

林语堂先生有一段关于广东人的精彩描述，可以作为论证的注脚。他在《中国人》中这样写道："在中国正南的广东，我们又遇到另一种中国人。他们充满种族的活力，人人都是男子汉，吃饭、工作都是男子汉的风格。他们有事业心、无忧无虑，挥霍浪费，好斗、好冒险、图进取、脾气急躁，在表面的中国文化之下是吃蛇的土著居民的传统，这显然是中国南方粤人血统的强烈混合物。"多元文化的哺乳，造就了岭南人性格上的优势：开放、进取、大度、性格不稳定（可塑性强）、善吸收。岭南文化自始至终是一种务实文化，总体上可描述为：起点低，发展快，善吸收并且为我所用。

岭南人的性格在改革开放形势下如鱼得水，其大度、进取表现得淋漓尽致，大量的外来语进入到当地的口语中，如英语中的"士多"（store）、"菲林"（film），以及"万宝路""万事发"这些译音都成了中西文化的融汇体。外国先进的管理体制甚至一些生活方式也被吸收过来了；从另一方面来看，人员的大量流动，也正是岭南人开放、不稳定型性格的表现，在打工族中就有"东家不打打西家"的说法，而传统的文化性格里还据守着"铁饭碗""把根留住"，甚至还有等吃救济粮而不愿下地劳动的保守性格。大量文化人南下，以及其他类型人才的汇入虽然主要是受经济利益的驱动，但我们不能忽视另一方面，那就是历史形成的传统和岭南人的群体性格使得岭南人能够把握住历史的契机，在改革开放的大好形势下走到中国的前面，使岭南成为"先富起来"的那一部分。文化的融汇推动了经济的发展，而发达的经济又成了文化融汇的巨大磁力，就是在这种良性的循环中，岭南地区的文化经济一直在蓬勃发展着。

文化的融汇有利于民族素质的提高，也有利于民族实力的增强。历史证明，一个开放、进取、善吸收的民族，必是有前途的民族；反之，一个保守、自满、封闭的民族必是一个没落、没有前途的民族。我们要创造一个环境，培养一种广博大度、勤奋向上的性格，推动我们民族的进步，推动岭南地区的全面发展。

第五章 海外文化遗物

第五章 海外文化遗物

大汉帝国的盛世雄风远播域外。汉朝人掌握的关于西方世界的地理知识，甚至连后来的唐朝人也未能超越[①]。曾经与西汉王朝鼎立对峙近一个世纪的南越国，利用自己海上交通的独特优势，与西方外部世界发生了颇为密切的联系。南越王墓出土的许多珍贵文物，就是南越国与海外交往的历史见证。

---

① 贺昌群：《汉代以后中国人对于世界地理知识之演进》，载《贺昌群史学论著选》，中国社会科学出版社1985年版，第28~47页。

一 银盒

南越王墓出土的文物中，尤以列瓣纹银盒倍受世人注目，被认为是岭南发现的最早的"舶来品"。[①] 南越王墓银盒的造型及纹饰都与中国汉代器物风格迥异，而与伊朗波斯帝国时期（公元前550年—前330年）的器物类似。这件银盒的蒜瓣形花纹，是用锤鍱法压制而成，一般认为，锤鍱压制金银器起源于波斯文化。与此银盒同作花瓣形花纹的金银器皿，在西方多有发现。耐人寻味的是，山东临淄汉初齐王墓器物坑中出土的1件银盒，云南晋宁石寨山11号和12号墓中出土的2件铜盒，其造型与纹饰与南越王墓中的银盒几乎完全相同。[②] 南越王墓的年代是公元前128—前117年，石寨山11号、12号墓是公元前175—前118年，齐王墓的年代是公元前179年左右，三处墓葬的年代大体相当。在同一时期，相距千里的三地竟会出现如此类似的海外珍品，实在令人惊叹。学者们一般认为，南越王墓银盒与齐临淄王墓银盒是从海路传入的[③]。笔者以为，南越王墓银盒由滇缅印道或交趾陆

[①] 广州市文物局编：《广州秦汉考古三大发现》，广州出版社1999年版，第241页。

[②] 广州市文物管理委员会等编：《西汉南越王墓》（上），文物出版社1991年版，第346页。参阅贾振国：《西汉齐王墓随葬器物坑》，载《考古学报》1985年第2期；云南省博物馆：《云南晋宁石寨山古墓群发掘报告》，文物出版社1959年版，第69页。孙机先生认为南越王墓出土的银盒属于安息银器，应是从安息输入的，参阅孙机：《中国圣火——中国古文物与东西文化交流中的若干问题》，辽宁教育出版社1996年版，第143页。

[③] 广州市文物管理委员会等编：《西汉南越王墓》（上），文物出版社1991年版，第347页；徐苹芳：《考古学上所见中国境内的丝绸之路》，载《燕京学报》1995年新一期；孙机前揭书，第143页；林梅村：《汉唐西域与中国文明》，文物出版社1998年版，第317页；饶宗颐：《由出土银器论中国与波斯、大秦早期之交通》，载《华学》第5辑，中山大学出版社2001年版。

道"舶来"的可能性也相当大。

在与晋宁石寨山11、12号墓处于同一时期的13号墓中，出土了蚀花的肉红石髓珠一颗，在发掘报告中并未被提及，只当作一般的玛瑙珠。夏鼐先生最先发现它与一般玛瑙珠不同，其十道平行线纹是用化学方法人工腐蚀出来的①。蚀花石髓珠在西亚地区有悠久的历史，据英国人培克（H. C. Beck）的研究，它盛行于三个时期：（1）早期（公元前2000年以前），花纹以眼形纹（即圆圈纹）为主要特征，仅见于伊拉克和印度河文化的遗存中；（2）中期（公元前3世纪—2世纪），花纹以直线纹和十字纹为主，分布地域更为广泛，西到罗马时代的埃及，南到印度南部，东到我国新疆、西藏、云南等地，但以巴基斯坦的呾叉始罗（Taxila near Peshwar）发现得最多；（3）晚期（600—1000年）。石寨山13号墓出土的这颗蚀花肉红石髓珠显然属于培克所说的中期类型。夏鼐先生认为它虽然与呾叉始罗出土的相似，但花纹过于简单，很可能是不同地区各自制造的，是否为本地制造，抑或系输入品，殊难断言。笔者同意张增祺、童恩正二位先生的观点，认为这颗蚀花肉红石髓珠是从西亚传人的②。因为石寨山古墓群出土的玛瑙珠数量极多，无法以件计，但蚀花肉红石髓珠仅一颗，十分珍贵罕见，显然不会是本地产品，如果本地能造，为什么不用玛瑙珠蚀出更多的石髓珠呢？蚀花肉红石髓珠的传入路线，为探讨石寨山波斯风格铜盒的传入路线提供了十分重要的线索。

1972年在云南江川县李家山春秋晚期（公元前5世纪）24号墓中出土了一颗蚀花肉红石髓珠，其表面有白色圆圈纹和曲线纹图案，属于培克所说是早期即公元前2000年以前类型③。张增祺、童恩正二位先生认为其输入路线就是古代印度—云南那条不太被人注意的商道，因为印度当时制珠工艺非常发达，其蚀花肉红石髓珠等产品曾在苏美尔（Sumer）、埃及、西亚等地都有发现④。

李家山墓群的形制、葬式和随葬品种类、形制等与石寨山墓群非常接近，同属滇池地区所特有的滇文化墓群，地理位置上二者相距仅40多千米。二者关系非常密切⑤。

---

① 作铭：《我国出土的蚀花肉红石髓珠》，载《考古》1974年第6期。"作铭"为夏鼐先生字。
② 张增祺：《战国至西汉时期滇池区域发现的西亚文物》，载《思想战线》1982年第2期；童恩正：《古代中国南方与印度交通的考古学研究》，载《考古》1999年第4期。
③ 张增祺、王大道：《云南江川李家山古墓群发掘报告》，载《考古学报》1975年第2期。
④ 张增祺、童恩正前揭文。
⑤ 张增祺、王大道：《云南江川李家山古墓群发掘报告》，载《考古学报》1975年第2期。

这种属于中期类型的以直线纹为主要特征的蚀花肉红石髓珠在广东也有出土，但时间比石寨山13号汉墓出土的这颗要晚。在广州西汉后期墓中曾出土过2颗蚀花肉红石髓①。在广东南海西汉晚期汉墓中，也出土过2颗蚀花肉红石髓珠②。

从蚀花肉红石髓珠来说，云南虽然只发现了两颗，但它代表了蚀花肉红石髓珠发掘的两个不同时期。广东发现的蚀花肉红石髓珠虽多一些，但都属于中期类型，时间都比较晚。

考古发现表明，两广与云南地区在汉代以前就已经有了密切的交往。两地早在新石器时代就有不少共同的文化因素，如有肩石斧，本属于百越系统的文物，但在云贵高原上也有分布。近年来在两广地区发现一些属于春秋战国时期和西汉的青铜器，也与石寨山文化的青铜器相似。广西西林铜鼓葬与石寨山文化关系尤为密切。许多器物在石寨山文化中是大量存在的，在两广地区青铜器中则是个别的，这说明后者是在前者影响下制作的③。而在考古学上，两广地区受云南地区文化影响最大、最明显的莫过于船纹铜鼓了。

羽人船形纹饰在两广、云贵等地出土的青铜器特别是铜鼓上出现较多，学术界比较一致的看法是：铜鼓的发源地在云南中部偏西地区④。铜鼓脱离炊具而定型后有由西向东的发展趋势，在滇池地区成熟，同时沿着巨川大河向南、东、北三个方向流传开来，影响到我国南方和东南亚一大片古老民族地区。在这广大地区范围内，以云南中部、越南北部和两广地区南部发展得最充分，有的自成体系，成为当地土著文化的重要组成部分。据20世纪80年代初的统计，我国当时存在的1400多面铜鼓中，只有27面饰有船纹，在越南还有13面船纹鼓。借助于伴出物和考古研究的成果，可以知道船纹铜鼓出现的年代上限在战国前期，下限在西汉末。船纹的分布情况是：云南晋宁9面、江川3面，文山、广南、金平、麻栗坡、云县、腾冲各1面；广西西林、贵县各2面；四川会理及贵州赫章各1面。国外的船纹鼓，大都发现于越南北部，基本分布在红河三角洲，越南近邻老挝等国也偶有发现⑤。

---

① 徐苹芳：《考古学上所见中国境内的丝绸之路》，载《燕京学报》1995年新1期。
② 广东省博物馆 曾广亿：《广东南海汉墓发掘简报》，载文物编辑委员会编：《文物资料丛刊》第4期，文物出版社1981年版。
③ 汪宁生：《试论石寨山文化》，载《中国考古学第一次年会论文集1979》，文物出版社1980年版。
④ 广西壮族自治区博物馆：《古代铜鼓学术讨论会纪要》，载《古代铜鼓学术讨论会论文集》，文物出版社1982年版。
⑤ 李伟卿：《铜鼓船纹的再探索》，载《中国铜鼓研究会第二次学术讨论会论文集》，文物出版社1986年版。

▷ 船纹铜提筒

这些船纹铜鼓的年代与南越王墓年代大体相当或略早，船纹中船的造型，船上的人数、形态举止打扮，船只首尾的动物都与南越王墓铜提筒上的船纹极为相似。

这些羽人究竟是何民族，船只是内河船还是海船，羽人船纹图究竟反映了什么样的文化内涵？冯汉骥先生认为，晋宁早期铜鼓（如 M14∶1）船纹的船形，船身狭长轻便，仅可在内河或滇池这种小水域中行驶，皆与海中航行装置不合，没有桅和帆，根据船纹推测，便用铜鼓的人为海滨民族是不合乎实际的[1]。笔者赞同此观点，认为船纹反映的是小船而非大船，船上一般只有 4～6 人，何大之有？是内河船而非渡海船。船首尾前后的动物，也并非海鸟、海龟、海鱼。

---

[1] 冯汉骥：《云南晋宁出土铜鼓研究》，载《冯汉骥考古学论文集》，文物出版社1985年版。

云南是铜鼓及船纹的发源地，南越王墓中出土的骆越人的船纹铜提筒，充分反映出滇文化对南越国的影响。

滇池地区古墓中曾发掘出大量的海贝。其中，江川李家山古墓群中，出土的海贝总数约11万2千余枚，重300余斤。晋宁石寨山古墓群出土海贝总数约14万9千余枚，重400余斤。关于这些海贝的用途，学术界也有不同意见。李家瑞先生认为是货币①，方国瑜先生认为是装饰品②。但都认为这些贝不产于内地江河湖泊，而产于深海之中。《马可·波罗游记》中说，元代云南使用的贝币，全部来自印度。"印度、印度支那、云南一带用贝币，正是成一系统的。云南所用贝也是产于印度洋及印度支那的南海中。"③正如江应樑先生指出："秦汉之时，永昌为通海要道，在交趾、广州尚未成为海上国际商埠时，西亚或南海船只东来的，都在缅甸、暹罗登岸而入云南。我们或者可以大胆地说，云南用贝是与暹罗有着密切的关系的，姑立一个假想如下：（1）自汉唐以来，云南土著民族和暹罗必长时期发生着经济的关系。（2）暹罗用海贝巴，为着经济相互相间的密切关系，所以云南也以海贝巴为货币。（3）暹罗与云南之关系，必较中国本土与云南之经济为深切，故元明以前，中国虽也有铜钱入云南，但却不能使滇中废贝而用钱。"④

这些海贝主要出土于春秋末期（公元前6世纪）至西汉中期的墓葬中。出土过蚀花肉红石髓珠的李家川24号墓和石寨山13号墓，出土过波斯风格铜盒的石寨山11、12号墓，都有大量海贝出土，其中石寨山11号墓出土海贝2800余枚、12号墓2万余枚、13号墓2.5万余枚⑤，反映出这一时期云南对外交往的频繁。

连接傣族的缅越地区的宗教、文字、风俗等和云南傣族相近，也用贝币进行贸易，与云南关系极为密切。这些海贝就是通过他们沿萨尔温江（怒江）、伊洛瓦底江（独龙江）、湄公河（澜沧江）、红河溯流而上，传至云南的。以今天的通航条件来看，这些河流在云南境内，奔流于深山峡谷之中，水流汹涌，险滩密布，不具备通航条件，但这些河流出境以后，进入平原地区，河床宽阔，水流和缓，均可行船⑥。

---

① 李家瑞：《古代云南用贝币的大概情形》，载《历史研究》1956年第9期。
② 方国瑜：《云南用贝作货币的时代及贝的来源》，载《云南社会科学》1981年第1期。
③ 李家瑞前揭文。
④ 江应樑：《云南用贝考》，载《西南边疆民族论丛》，珠海大学1948年版。
⑤ 陆韧：《云南对外交通史》，云南民族出版社1997年版，第65页。
⑥ 陆韧：《云南对外交通史》，云南民族出版社1997年版，第7页。

两汉时期，海贝特别是带有紫颜色的海贝在岭南地区也很受欢迎。赵佗献给汉文帝的礼物中就有"紫贝五百"。① 三国时期吴国万震的《南州异物志》载："交趾北、南海中，有大文贝。质白而文紫，天姿自然，不假雕琢，磨莹而光色焕烂。"② 约隋唐时出现的佚名《广州志》亦云："贝凡有八，紫贝最其美者，出交州。大贝出巨延州，与行贾贸易。"③ 岭南的交趾和日南一带是紫贝的重要产地，那里出产的紫贝，有的被输入到云南。紫贝在南越国时期倍受青睐，应该是受了云南和中南半岛地区用贝的影响。

在历史上，两广与云南的交往是非常密切的。西江的上游南盘江和北盘江都发源于云南，珠江水系将云贵与两广地区联系起来。南越国和西南的滇、夜郎等国的交往更为频繁。南越国与滇池地区西南夷的交往，除了通过牂牁江和夜郎以外，还通过西瓯、骆越等部族与之发生关系。西瓯族主要生活在今广西西江中游及灵渠以南的桂江流域。骆越族主要聚居于西瓯族的西部与南部，即今天广西的左、右江流域，越南的红河三角洲及贵州省的西南部。赵佗称帝后，率军征服了骆越族，并利用吕后对其用兵失利罢兵之机"以兵威边，财物赂遗闽越、西瓯、骆，役属焉，东西万余里。"④ 同时，骆越接近滇，受滇文化影响深，有滇文化色彩的事实⑤，这是众所共知的。

有学者认为，晋宁石寨山出土的2件铜盒，可能是按照舶来品的式样仿造的。⑥ 笔者以为仿造的可能性很小，如果是仿造的，那么它的原型从何处而来？是南越王墓中的那件银盒吗？从时间上看，这2件铜盒只会比银盒的时间早，至少是同时，而绝不会比它晚。笔者推测，铜盒和银盒，甚至包括临淄齐王墓中的银盒，都与蜀商的活动有关。西汉前期，蜀商在中国的经济舞台上扮演了举足轻重的角色，在岭南和西南地区更是异常活跃。因此，不仅石寨山铜盒的"舶来"路线是由滇缅印道而来，南越王墓银盒和临淄齐王墓银盒由滇缅印道或交趾陆道"舶来"的可能性也相当大。在当时，中国南方地区与印度的对外交往都是以中南半岛为桥梁，走的是陆路，或内河水路，而不是走海路。

---

① 《汉书·西南夷两粤朝鲜传》。
② 《艺文类聚·贝》《太平御览·贝》。
③ 《艺文类聚·贝》《太平御览·贝》。《御览》"贸易"误作"质易"。
④ 《史记·南越列传》。
⑤ 文物编辑委员会：《文物考古工作十年》，文物出版社1990年版，第234页。
⑥ 孙机：《中国圣火——中国古文物与东西文化交流中的若干问题》，辽宁教育出版社1996年版，第144页。这2件铜盒发掘报告上说表面皆呈水银色，孙机先生认为是镀锡的。

二　焊珠金花泡

在南越王墓墓主的上胸部位，发现了作为饰物的32枚焊珠金花泡。泡的直径约1.1厘米，呈半球形，制作工艺十分精湛，泡面用金丝焊接成圆形、心形、辫索形等多种立体图案，还有用4粒小金珠做三下一上焊接而成的圆锥形图案。在20倍的显微镜下，可清楚地看到焊接点①。据学者研究，这种焊珠工艺在西亚两河流域乌尔第一王朝时期（公元前4000年）就已出现，随后流行于古埃及、克里特和波斯等地，公元前4世纪亚历山大东征以后流传到印度。巴基斯坦公元前3世纪的呾叉始罗的遗址中，就有焊珠工艺的发现②。这种焊珠工艺，从我国现有的考古发掘材料来看，大多出现于东汉及魏晋时期的墓葬中，在西汉，特别是西汉前期的墓葬中还

---

① 广州市文物管理委员会等编：《西汉南越王墓》（上），文物出版社1991年版，第218页。
② 岑蕊：《试论东汉魏晋墓葬中的多面金珠用途及其源流》，载《考古与文物》1990年第3期。

第五章 海外文化遗物

137

▲ 焊珠金花泡

很少发现①。相当于我国东汉魏晋时期的越南南部湄公河三角洲的奥高（Oc-eo）遗址中，以及印度东海岸的古马地都卢（Gummadiduru）遗址中，都有焊珠工艺的多面金珠出土。有学者认为，零星散布在中国的焊珠工艺金珠，与东西方的海上航路有关，它是以印度、巴基斯坦为中转站，而公元前1600年至1100年的古希腊迈锡尼文化则是这种工艺的原始起源②。这是很有道理的。南越王墓焊珠金花泡的出土，反映出早在2000多年前，岭南地区就已经与欧洲有了直接或间接的文化联系。

---

① 已经发现的西汉墓葬中的焊珠工艺除了南越王墓外，还有河北满城刘胜墓出土的圆形饰片，河北定县40号西汉墓出土的马蹄金；东汉魏晋时期的焊珠工艺有西安出土的东汉金灶，江苏甘泉出土的东汉初年广陵王刘荆墓中的1件多面金珠，长沙五里牌东汉墓中出土的4件多面金珠，广州郊区4013号东汉前期墓中出土的1件多面金珠，湖北公安县东晋墓出土的1件多面金珠，长沙黄泥塘3号墓出土的1件多面金珠。转引自齐东方：《中国早期金银器研究》，载《华夏考古》1999年第4期；岑蕊前揭文。
② 岑蕊前揭文。

三 象牙

南越王墓出土了5支平均长度达120厘米的象牙，经专家鉴定其形态特征与现代的非洲象牙较为接近，而与亚洲象牙区别较大[①]；这是一个激动人心的重大发现，是汉代岭南地区与外部世界贸易交往的又一实物见证。这表明早在公元前2世纪，我国的岭南地区就已经与非洲大陆有了间接的经济文化交往。在笔者看来，在当时，印度是中国南方地区与西方和非洲交往的中转站，这些非洲象牙，应是经过印度辗转传入岭南地区的。

在远古时代大象在我国的分布十分广泛。大象的性格较为温顺，早已被用来为人类服务。上古传说中的人物舜就与象有着密切的关系。在东汉，舜葬后而象为之耕田的传说流行甚广，如王充《论衡·书虚篇》云："传书言舜葬于苍梧，象为之耕。"殷人、周人、春秋战国时期的楚人与象的关系也十分密切。《孟子·滕文公下》云："及纣之身，天下大乱，周公相武王，伐纣伐奄三年，讨其君，驱飞廉于海隅而戮之。灭国者五十，驱虎豹犀象而远之，天下大悦。"《吕氏春秋·古乐篇》亦云："商人服象，为虐于东夷，周公遂以师，逐之至江南。"日本学者藤田丰八指出，《吕氏春秋》"商人服象"实为创闻，殷人驯象，用于战争，在中国古代实不多见。

到了两汉时期，大象的栖息地逐渐缩小至岭南和西南的部分地区。如上所述，舜死象耕的传说，就发生在岭南地区的苍梧郡。《盐铁论·力耕》篇云："珠玑犀象出于桂林。"许

[①] 广州市文物管理委员会等编：《西汉南越王墓》（上），文物出版社1991年版，第138、139、466、467页。

慎《说文解字》中甚至把象定义为"南越之大兽"。岭南地区的越人与大象更是有着不解之缘。武帝元狩二年（前121年）"南越献驯象，能言鸟"。应劭注曰："驯者，教能拜起周章，从人意也。"①西汉时，皇帝出行的仪仗队中已有"象车"。《西京杂记》卷五载："汉朝舆驾祠甘泉汾阴，备千乘万骑，太仆执辔，大将军陪乘，名为大驾……象车鼓吹十三人，中道。"这些"象车"中的象应是越人所献。魏晋时期，也有岭南越人献驯象伤人的记载。"晋时南越致训象，于皋泽中养之。为作车，黄门鼓吹数十人，令越人骑之。每正朝大会，皆入充庭。帝行则以象车导引。以试桥梁。后象以鼻击害人。有司祝之而杀象。垂鼻泣，血流地不敢动。自后朝议以象无益于事，悉送还越。"②

汉代还曾经风靡过一种称作"象舞"的百戏③。《汉书·礼乐志》云："楚鼓员六人，常从倡三十人，常从象人四人……秦倡象人员三人……朝贺置酒为乐。"关于这里的"象人"，孟康和颜师古均认为："象人，若今戏虾鱼师子者也。"这种在朝贺中以象人助兴的现象，应是战国时期的遗风。在最高统治者的倡导下，民间的"象舞"活动也十分活跃，"今富者祈名岳，望山川，椎牛击鼓，戏倡儛像。"④张衡《西京赋》云："大驾幸于平乐……临迥望之广场，程角觝之妙戏……怪兽陆梁，大雀跤跤，白象行孕，垂鼻辚囷。"⑤描述了西汉长安平乐观前百戏演出、白象助兴的盛况；李尤的《平乐观赋》亦有对东汉洛阳平乐观前百戏演出、白象助兴盛况的生动描绘。⑥三国时期的"象舞"活动继续盛行，"贺齐为新都郡守，孙权出祖道，作乐舞象，权谓齐曰：'今定天下，都中国，使殊俗贡珍，百售率舞，非君而谁！'"⑦直到西晋，江左仍然流行"巨象行孕"等节目。⑧考古材料中所见的汉代的"象舞"活动更是不胜枚举。俞伟超等搜集的有关驯象图案的汉代画像石就达9例之多⑨，其中大都

---

① 《汉书·武帝纪》。
② 《太平御览》卷八九〇引《晋诸公赞》。
③ 贾峨：《说汉唐间百戏中的"象舞"——兼谈"象舞"与佛教"行像"活动及海上丝路的关系》，载《文物》1982年第9期。以下凡引贾娥先生的观点，均出自此文，不再一一做注。
④ 《盐铁论》卷六。
⑤ 《全后汉文》卷五二。
⑥ 《全后汉文》卷五〇。
⑦ 《艺文类聚》卷九五引《吴志》。
⑧ 《晋书·乐志》。
⑨ 俞伟超、信立祥：《孔望山摩崖造像的年代考察》，载《文物》1981年第7期。这9例驯象图是：山东孝堂山画像；南武阳皇圣卿阙画像；南武阳功曹阙画像；河南登封少室石阙画像；山东滕县宏道院画像石；滕县画像石；嘉祥吕村画像；南阳所出画像石；徐州洪楼画像石。

与"象舞"有关。

象与佛教有着极为密切的关系。陈寅恪先生早就发现《三国志·魏书·曹冲传》中所记载的"曹冲称象"的故事属于佛教故事。"杂糅附益于期间,特迹象隐晦,不易发觉其为外国输入者耳。"① 山东滕县曾出土过一幅汉画像石,上面的大象有六支牙齿,劳榦先生认为这显然是早期佛教对中国艺术影响的产物,其年代大约在东汉章帝建初年间(76—83)。滕县距离楚国都城——徐州不远。楚王英正是在章帝时期开始信奉佛教的。劳榦先生把佛教传统中的六齿象划分为三类:(1)释迦牟尼的前生;(2)天神Indra的坐骑;(3)普贤菩萨的坐骑。而滕县画像石中的六齿象则属于第二类。中国艺术中的六牙象很可能是从印度传来的,但也不是完全照搬,而是有所改造,比如,印度艺术中的六齿象的六齿是每边各三齿,且这三齿都是平行的,而滕县的六齿象中,每边三齿中只有两齿是平行的②。在印度孟买市东北约300千米处的阿旃陀石窟(Ajanta Caves)中,有一幅作于公元前1世纪的"六牙象本生故事"壁画;位于印度中央邦博帕尔城东北约45千米处,始建于公元前3世纪的桑奇大塔(Sanchi Stupa),被视作印度早期佛塔建筑的典型代表,在公元前1世纪增设的石门上,雕刻有"六牙象本生故事"浮雕。③ 这些显然属于劳榦先生所言的第一类。这些发现都说明六牙象的题材在印度是十分普遍的。劳榦先生的观点是很正确的,滕县的六牙象汉画石,显然是受了印度文化的影响。贾峨先生认为,"六牙白象"的形象正是汉唐间传入我国的印度佛教中的"行像"活动④。杨衒之的《洛阳伽蓝记》在记述北魏洛阳的"行像"活动时,就有"六牙白象负释迦在虚空中"的描述⑤。据俞伟超先生的考证,内蒙古和林格尔东汉墓(年代约为145～200)中的壁画上"仙人骑白象"的图像属于佛教题材。佛教最初在中国传播时,尚处于附庸道教的地位,尚未修行成佛的各种佛教徒,往往借用

---

① 陈寅恪:《〈三国志·曹冲华佗传〉与佛教故事》,载《寒柳堂集》,上海古籍出版社1980年版,第157页。
② Lao Kan, *Six-Tusked Elephants on a Han Bas-Relief*, Harvard Journal of Asiatic Studies, 1954. Vol.17, pp.366～369. 又见《劳榦学术论文集》(甲编)(上、下),台湾艺文印书馆1976年版,第1391～1395页。
③ 《中国大百科全书·考古学》,中国大百科全书出版社1986年版,第10、431页。
④ 贾峨先生解释,所谓"行像"就是佛教徒于每年四月举行盛会,庆祝释迦牟尼诞辰日(四月八日)。大象驮载着佛像或佛牙沿街奉串庙,表演百戏,展示佛像。而象舞则是"行像"活动中的一个重要节目。
⑤ (北魏)杨衒之:《洛阳伽蓝记》卷一。

道教的用语，称作"仙人"。①笔者认为，画面上的白象虽然画得不够形象逼真，头太小，腿太细，但画工把它和朱雀画在一起，均放在南面，代表南方，说明作者对大象来自南方是很清楚的。与和林格尔东汉墓大体属于同一时期的连云港孔望山佛教摩崖石刻和大型石象圆雕，已经成为佛教在东汉后期流行于东海地区的历史见证②。

大象在东南亚和印度地区，较中国的岭南和西南地区更为普遍，两汉时期更是如此。东南亚地区贡献大象的传说甚至可追溯至西周时代。《尚书·大传》曰："交趾之南有越裳国。周公居摄六年制礼作乐，天下和平。越裳以三象重译而献白雉。"③汉代人心目中的身毒（即今印度）是与象联系在一起的。《史记·大宛列传》云："身毒在大夏东南可数千里……其人民乘象以战……昆明之属无君长，善寇盗，辄杀略汉使，终莫得通。然闻其西可千余里有乘象国，名曰滇越"。东汉杨孚《异物志》云："金邻一名金陈，去扶南可二千余里，地出银，人民多好猎大象，生得乘骑，死则取其牙齿。"④三国时《吴时外国传》曰："扶南王盘况少而雄杰，闻山林有大象，辄生捕取之，教习乘骑，诸国闻而伏之。"⑤金邻和扶南都是当时东南亚地区的国家。

象牙亦是古人所喜爱的珍贵物品，犀角和象牙齐名且常常并称为"犀象之器"。⑥象牙的使用历史悠久。早在商、周时代象牙与玉并相重用。《史记·宋微子世家》曰："纣始为象箸，箕子叹曰：'彼为象箸，必为玉杯。'"《诗经·卫风·淇奥》有"如切如磋，如琢如磨"之句，毛传云"治骨曰切，象曰磋，玉曰琢，石曰磨。"周时治骨器称为"切"，治象器称为"磋"。与象群在中原地区的消失相一致，象牙在春秋战国以后需要从南方输入。《淮南子·人间训》记秦始皇经略岭南的一个重要原因就是"利越之犀角、象齿、翡翠、珠玑"。正如藤田丰八指出汉人所重用之象牙，春秋以后，皆自东夷南蛮输入，在战国后，则概来自南海。岭南人获取象牙还有一套独特的方法。三国吴万震《南州异物志》曰："俗传

---

① 俞伟超：《东汉佛教图像考》，载《文物》1980年第5期。
② 这里主要采用俞伟超等人的观点，参阅俞伟超、信立祥：《孔望山摩崖造像的年代考察》，载《文物》1981年第7期。
③ 《太平御览》卷七八五。
④ 《太平御览》卷七九〇"四夷部十一"。刘纬毅认为此《异物志》作者佚名，参阅刘纬毅：《汉唐方志辑佚》，北京图书馆出版社1997年版，第152页。
⑤ 《艺文类聚》卷九五。
⑥ 《史记·李斯列传》，李斯上书中有"犀象之器不为玩好"之句。

象牙岁脱，犹爱惜之，掘地而藏之。人欲取，当做假牙潜往易之。觉则不藏故处。"①

在汉代，象牙的使用相当普遍。象牙常被用作印玺，"百石以至私学弟子皆以象牙"为印；诸侯王献酎金也可以用象牙代替黄金。《西京杂记》卷五载汉武帝曾"以象牙为簟，赐李夫人"。在南越王墓中除了已经发现的5支非洲象牙外，墓中还出土了龙首形象牙饰1件、象牙饰片9件、象牙饰物40余块、象牙卮1件、象牙算筹约200支、残象牙雕器2块、象牙筒1件、象牙印章1枚、象牙六博子约18枚、象牙耳钉4个、象牙残器一小堆等。在满城二号汉墓中曾出土象牙勺1件、象牙碗2件、象牙器柄1件②。在属于西汉中期的云南晋宁石寨山12号墓中也出土了碎象牙1件③。在与南越王墓大体处于同一时期的广州西汉前期的1座墓葬中也曾出土陶象牙5件④。

两汉时期，象以及象牙是异域蛮夷朝贡贸易中的重要内容，在中外文化交流中发挥了巨大的作用。166年大秦王安敦遣使沿海路来华⑤，赠送的三样礼物中就有犀角和象牙，这绝非偶然。交趾地区与蛮夷比邻，交往频繁，是蛮夷来华的必经之地，又是犀象的产地，使得汉朝人对大秦使者的礼物十分熟悉，感到过于普通，毫无珍贵可言，进而对他们的身份也产生了怀疑。

南越王墓中的非洲象牙，是以印度为中转站，辗转传入我国的。中印两大文明古国有着悠久的交往历史。藤田丰八说"舜象"之传说，含有印度文化之色彩。"印度文化的色彩之最浓厚者，乃商人（殷人）也"；"殷人驯象"，楚人用象于战争皆始自印度人。屈原《楚辞·天问》中有"灵蛇吞象，其大如何"之句，《山海经·海内南经》亦云："巴蛇食象，三年而出其骨，君子服之，无心腹之疾。"又《海内经》云："西南有巴国……又有朱卷之国，有黑蛇，青首，食象。"这些比喻亦传自印度，与希腊人所传"印度有吞牛之大蛇"相类似。这是很有道理的。正如美国人类学家罗伯特·路威所言："倘若我们假定某一民族全凭自己的努力驯服了他们的家畜，培成了他们的农谷，这个假定多半靠不住。从别人手上转借过来比较简单得多……中国本土有一种野葡萄……倘若没有张骞将军，他们会至今没

---

① 《初学记》卷二九。
② 中国社科院考古研究所等：《满城汉墓发掘报告》，文物出版社1980年版，第333页。
③ 云南省博物馆：《云南晋宁石寨山古墓群发掘报告》，文物出版社1959年版，第139页。
④ 广州市文物管理委员会等编：《广州汉墓》（上），文物出版社1981年版，第128页。
⑤ 只有日本学者藤田丰八认为大秦使者是由缅甸沿伊洛瓦底江溯流而上，经云南来华的。参见藤田丰八：《中国南海古代交通丛考》，何健民译，商务印书馆1936年版，第539页。

有葡萄，也许永久不会有葡萄。"① 中印两大文明古国，其交流的历史，要比我们所想象的悠久得多，其交流的内容，要比我们所想象的丰富得多②。

张光直先生在论述中国文明在世界文明史上的地位时，曾经提出了一个震惊国际学坛的论点，他认为世界文明形成的方式主要有两种形态，一是西方式的；一是世界式的（非西方式的），也就是中国式的。而后者的贸易活动主要限于宝货③。可见以象牙等"宝货"为内容的贸易活动在中国文明形成过程中占有极为重要的作用。岭南地区象牙的贸易活动在汉代对外关系史上具有十分重要的地位。南越王墓中非洲象牙的出土，正是岭南地区对外贸易活动频繁的历史见证。

---

① ［美］罗伯特·路威：《文明与野蛮》，吕叔湘译，生活·读书·新知三联书店1984年版，第62、64页。
② 李零通过对中国境内有翼神兽的研究，认为古代中西方的传播与交流远比想象要发达，参见李零：《论中国的有翼神兽》，载《中国学术》2001年第1期。不过他所关注的中西方交往主要是经过西域和北方地区的陆上交往，对经过南方地区的中西方交往未曾论述。他还认为有翼神兽在南方的发现都是从北方地区传入的，这是笔者不能同意的。
③ 徐苹芳：《悼念张光直》，载《读书》2002年第2期，第59~66页。并请参阅徐苹芳、张光直：《中国文明的形成及其在世界文明史上的地位》，载《燕京学报》1999年新六期。

四 乳香

在南越王墓西耳室的一件漆盒内，发现一小堆树脂类的香料，疑为乳香，经广州分析测试中心做红外光谱分析，发现其成分与松香截然不同，与现代乳香稍异，经过2000多年的埋藏，其中有的成分可能已经分解了。这些已经分解的乳香，透露出香料贸易在汉代岭南地区异常活跃的重要信息。

乳香，又名薰陆，主要产于阿拉伯地区，东南亚地区也有出产，属于树脂类香料。《魏略·西戎传》中提到的大秦国出产的12种香料之中就有乳香。嵇含《南方草木状》曰："薰陆香，出大秦。在海边，有大树，枝叶正如古松，生于沙中。盛夏，树胶流出沙上，方采之。"① 晋郭义恭《广志》曰："薰陆出交州，又大秦海边人采与贾人易谷，若无贾人，取食之。"② 从晋人的记载可以看出，岭南的交州地区也是乳香的产地，从大秦国进口的乳香主要是从南方地区输入的。

西方汉学家夏德认为："（薰陆）这种药绝非出于叙利亚，而是自远古时代以来由腓尼基人从阿拉伯和瓜达夫伊角（Cape Guardafui）附近输入，作为供奉神祇之用。但腓尼基和叙利亚以及印度商人必有采办此品，因此世人就认为他们是生产者。"③ 另一位汉学家谢弗指出"frankincense"（乳香）或称"olibanum"，是一种南阿拉伯树以及与这种树有种属

---

① （清）梁廷枏等著，杨伟群校点：《南越五主传及其它七种》，广东人民出版社1982年版，第62页。
② 《太平御览》卷九八二。
③ ［德］夏德：《大秦国全录》，朱杰勤译，商务印书馆1964年版，第117页。

↖ 乳香

关系的一种索马里树产出的树脂。这种树脂在中国以两种名称知名,一种可以追溯到公元前3世纪,是从梵文"kunduruka"翻译来的"薰陆";另外一种是形容其特有的乳房状外形的,这个名称叫作"乳香"(teat aromatic)。无独有偶,普林尼也就乳状描述过这种香①。乳香是否在汉代就已经输入中国?虽无文献记载,但从南越王墓中出土的乳香来看,答案是肯定的。由于它是放置在漆盒中,而不是熏炉中,在当时可能只是作为药物使用,可以称之为香药,还未用于焚烧。

两汉是香料在中国社会开始受到重视的时期。香料在两汉对外关系史上,乃至中外文化交流史上扮演着十分重要的角色。早在20世纪三四十年代,陈竺同、王鞠侯等学者就已经对此问题有过比较系统的研究;20世纪80年代以来,陈连庆、吴焯等先生又有更进一步

---

① [美]爱德华·谢弗:《唐代的外来文明》,吴玉贵译,中国社会科学出版社1995年版,第362~363页。

的探讨①。在长江流域、珠江流域的广大地区，由于气候和自然条件的原因，香料的种类繁多，先秦以来，香料的生产和使用要比北方发达得多。出生于南方的屈原在他的诗歌中就记载了许多种香料，如江蓠、辟芷、申椒、菌桂、蕙茝、木兰、宿莽、兰、蕙、留夷、揭车、杜衡、芳芷、桂、椒、辛夷等十余种香料。这些香料，有的佩带在身用来除臭香身，有的用作调料，有的用来沐浴，有的用作建筑装饰或建筑材料。

《史记·货殖列传》云："番禺亦其一都会也，珠玑、犀、玳瑁、果布之凑。"未提及香料②。《汉书·西域传》云："孝武之世……遭值文景玄默，养民五世，天下殷富，财力有余，士马强盛。故能睹犀布、玳瑁则建珠崖七郡，感枸酱、竹杖则开牂柯、越巂，闻天马、蒲陶则通大宛、安息。自是之后，明珠、文甲、通犀、翠羽之珍盈于后宫，蒲梢、龙文、鱼目、汗血之马充于黄门，巨象、师子、猛犬、大雀之群食于外囿。殊方异物，四面而至。"列举了许多东西，也未提及香料。笔者以为，《史记》《汉书》中香料的记载不多，主要原因是西汉时期，香料在北方地区特别是关中地区的使用并不广泛，未能引起出身于关中地区的司马迁、班固等学者的注意。

西汉前期有关香料的文献资料虽然缺乏，但新中国成立以来的考古发现，特别是南越王墓和马王堆汉墓的发现，很大程度上弥补了这方面的不足，也为我们探讨西汉前期的香料问题提供了许多珍贵的实物资料。1972年发掘的长沙马王堆一号汉墓中，就有许多与香料有关的考古发现，经鉴定，种类共9种，即茅香、高良姜、桂皮、花椒、辛夷、藁本、姜、杜衡、佩兰③。专家们认为这些药物大多含有挥发油，从加工和分装来看，可能有两种用途，一是用作香料，以茅香"辟秽"；一是用作药物。把香料当作药物，香料与药物之间并无严格的界限，这是古人的习惯。马王堆一号汉墓的年代是公元前168年稍后，所出土的9种药物，基本上都可以称作香料。由于香料与药物的关系极为密切，当时人往往又把

---

① 请参阅陈竺同：《汉魏以来海外输入奇香考》，载《南洋研究》1936年第6卷第2期；王鞠侯：《南海输入香料品类考》，载《南洋研究》1941年第9卷第4期；陈连庆：《汉晋之际输入中国的香料》，载《中国古代史研究（陈连庆教授学术论文集）》，吉林文史出版社1991年版，第611~630页；吴焯：《汉代人焚香为佛家礼仪说——兼论佛教在中国南方的早期传播》，载《西北第二民族学院学报》（哲学社会科学版）1999年第3期。下文中凡提到上述四位先生的观点，均出自上述四篇文章，不再一一注明。

② 韩槐准：《龙脑香考》（载新加坡《南洋学报》1941年第二卷第一辑）认为，这里的"果布"并非水果和葛布，而是指龙脑香，"果布"一词是马来语"龙脑香"的音译。周连宽、张荣芳：《汉代我国与东南亚国家的海上交通和贸易关系》一文亦持此说，详见张荣芳《秦汉史论集》，中山大学出版社1995年版，第100~124页。

③ 参阅湖南省博物馆等：《长沙马王堆一号汉墓》，文物出版社1973年版。

香料称作"香药"。① 正如谢弗所言："在中国，有些进口的香料与其说是被当作焚香和香脂使用，倒不如说是被当成药物来使用了……中国的这种做法与其他地区的习惯形成了鲜明的对比。"②

汉代南方地区的对外香料贸易非常活跃。如果说南越王墓中的乳香是汉代进口异域香料的代表，那么，马王堆汉墓中的生姜和桂皮则是汉代中国出口香料的典型。

生姜，既是药物，又是香料，在南方地区有着很长的种植历史。在马王堆汉墓中出土的9种香料中，就有生姜。与马王堆汉墓年代大体相当的广西贵县罗泊湾一号汉墓中也发现有生姜。③ 直到今天，生姜在中国人的饮食中仍然发挥着十分重要的作用。西方学者米勒指出生姜从古至今都是重要的香料，在东南亚、中国、印度早已被种植。生姜的原始产地可能是东爪哇，那里气候干燥，有野生姜。在种植生姜的地方，鲜姜可以成为食品。苏联一位著名历史学家曾指出"有确凿的证据表明意大利的生姜是从东非索马里进口的……联系到1世纪生姜已经从索马里进口到西方，再联系到托勒密王朝时代（公元前323～前30年）红海贸易的活跃，我们有理由认为这种产品贸易活动在托勒密王朝末期就已经出现了。在罗马时代，生姜作为调味品在餐桌上已经非常普遍了。"生姜在医药领域的运用也很广泛。印度尼西亚人和中国人把生姜种在罐子里带到船上吃，在漫长的航行过程中，用它来抵御疾病。阿拉伯人从他们那里学会了这种方法④。

桂皮，主要产于我国南方地区。《史记·货殖列传》曰"江南出桂"。嵇含《南方草木状》："桂出合浦，生必以高山之巅。冬夏常青。其类自为林，间无杂树。交趾置桂园。桂有三种：叶如柏叶，皮赤者，为丹桂；叶似柿叶者，为菌桂；其叶似枇杷叶者，为牡桂。"⑤《神农本草经》中所提到的365种药物中，就有牡桂、菌桂⑥。至少在公元前3世纪，中

---

① 《三国志·吴书·薛综传》。
② ［美］爱德华·谢弗：《唐代的外来文明》，吴玉贵译，中国社会科学出版社1995年版，第372页。
③ 广西壮族自治区博物馆编：《广西贵县罗泊湾汉墓》，文物出版社1988年版，第87页。
④ 见J. Innes Miller. The Spice Trade of the Roman Empire (29B.C. To A.D.641). Oxford at the Clarendon Press. 1969. pp53~57.
⑤ （清）梁廷枏等著，杨伟群校点：《南越五主传及其它七种》，广东人民出版社1982年版，第63页。关于《南方草木状》的真伪问题，国内学术界有截然相反的两种意见，杨宝霖等认为该书是伪书，彭世奖等认为不伪。国内农史学界还于20世纪80年代在华南农业大学召开过关于《南方草木状》的国际学术会议。请详见《<南方草木状>国际学术讨论会论文集》，农业出版社1990年版；杨宝霖：《自力斋文史农史论文选集》，广东高等教育出版社1993年版。
⑥ （清）孙星衍、孙冯翼辑：《神农本草经》，丛书集成初编本，中华书局1985年版，第2页。

国人就已经知道了桂树的香料价值。秦始皇平定岭南后设立的三郡，其中有一郡就命名为"桂林郡"，这绝非偶然。说明桂皮在当时是那一地区的重要产品。《说文解字》卷六云："桂，江南木，百药之长。"足见古人对桂香的重视。赵佗献给汉文帝的礼物中有"桂蠹一器"。应劭注曰："桂树中蝎虫也。"颜师古曰："此虫食桂，故味辛，而渍之以蜜食之也。"看来桂蠹也与桂香有关。① 直到今天，桂皮仍然是中国人饮食调料中的"五香"之一。桂皮是汉代重要的出口香料。1世纪末的西方名著《厄里特里亚海航行记》"以令人不容置辩的方式指出：'赛里斯'国的丝绸在印度港口装船，同时装船的还有同是来自中国的皮货、胡椒、桂皮、香料、金属、染料和医药产品。"② 米勒指出"桂"这个词可能来源于越南北部和阿萨姆地区，在那里，有野生的桂树林。西方的古典作家狄奥佛拉斯塔（Theophrastus, 371B.C.—287B.C. 希腊哲学家和博物学家）和普林尼（Pliny, 23—79）的著作中经常提到桂香。这表明从公元前4世纪起，桂香就已经成为地中海世界人人皆知的著名商品。中国人尽管在史前就已经种植桂树，但桂树的原产地是印度支那半岛。布尔努瓦指出，桂皮原产于印度、缅甸和中国，被波斯古史学家称之为"中国的树皮"。桂皮肉是美容品、医药品、香膏、香脂、油脂、香汁香精等工艺品中所使用的大量原料之一，在罗马出售时价格昂贵得惊人③。

中国的南方地区在汉代以前就和东南亚地区有着颇为密切的经济文化联系，东南亚地区的许多香料品种在岭南地区都有种植，只是因为岭南作为边疆地区，长期远离政治经济文化中心，中原学者未曾注意，缺乏记载罢了。

在盛产香料的中南半岛，包括汉代岭南的交趾、九真、日南等地，香料的贸易活动历史悠久，且非常活跃。至少在汉代，那里就已经出现了以采香为业的"香户"，以及以香料交易为主的"香市"。康泰《扶南土俗》载："扶南之西南有林阳国，去扶南七千里，土地奉佛，有数千沙门持戒只斋日，鱼肉不得入国。一日再市，朝市诸杂米、甘果、石蜜，暮市但货香花。"④《晋书·四夷·扶南国传》中亦有"扶南……人……贡赋以金银珠香"的记

---

① 《汉书·西南夷两粤朝鲜传》。
② 转引自[法]L.布尔努瓦：《丝绸之路》，耿昇译，新疆人民出版社1982年版，第51页。请参阅[法]戈岱司编：《希腊拉丁作家远东古文献辑录》，耿昇译，中华书局1987年版，第17～19页中的《厄里特里亚海航行记》节本。
③ 布尔努瓦前揭书，第51页。
④ 《太平御览》卷七八七《四夷部八·林阳国》。

载。那里的贡赋也多用香料等当地的特产来交纳。三国吴黄龙三年（231年），薛综向孙权上书称："县官羁縻，示令威服，田户之租赋，裁取供办，贵致远珍名珠、香药、象牙、犀角、玳瑁、珊瑚、琉璃、鹦鹉、翡翠、孔雀、奇物，充备宝玩，不必仰其赋入，以益中国也。"① 主张把"香药"作为岭南贡赋的重要内容之一。

从东汉开始，岭南地区的香料生产和贸易日益繁荣，也引起中原人士的重视。东汉灵帝时期，曾经担任交趾刺史的贾琮在向灵帝的上书中说道："旧交趾土多珍产，明珠、翠羽、犀、象、玳瑁、异香美木之属，莫不自出。"② 东汉末年，士燮家族统治岭南，"燮兄弟并为列郡，雄长一州，偏在万里，威尊无上。出入鸣钟磬，备具威仪，笳箫鼓吹，车骑满道，胡人夹毂焚香者常有数十……燮每遣使诣权，致杂香细葛，辄以千数。"③ 林梅村以为此"胡人"指中亚或波斯人④。在交趾地区，聚集了大量躲避战乱的中原人士、胡商、佛教徒，这使得那里的香料贸易更为繁荣。

与北方相比，交趾地区的香料使用要广泛得多，谢弗把原因归结为那里的文化简朴，所以吸收外来文化的空间很大。"佛教与外来的印度文化为中国的寺庙带来了大量的新香料，而众多的有关焚香和香料的习俗和信仰也随之传入了中国，从而加强和丰富了中国古老的焚香传统。但是毫无疑问，这些新的方式和态度并没有能够像它们在印度支那一样，对中国产生具有压倒优势的影响。由于印度支那的文化更为简朴，所以它吸收的东西也就要多得多。"⑤ 笔者以为，除此原因外，还有一个重要原因就是那里是香料的产地，香料的使用成本要比中原地区低得多。

正如沈光耀先生所言："香料是我国历史上长期大量进口的商品，也正为此而常受到一些史学家的非难，认为于民无利，纯属奢侈之物。这是在中国对外贸易史上需要澄清的一个问题。"⑥ 两汉时期，香料在中外文化交流史上扮演了非常重要的角色。汉代所使用的香料，虽然有一些是从西域和南海等地进口的，但更多的是我国自己生产的，特别是岭南地区生产的。汉代不仅有香料的进口，而且有香料的出口。岭南地区是香料的重要产地，也

---

① 《三国志·吴书·薛综传》。
② 《后汉书·吴书·贾琮传》。
③ 《三国志·吴书·士燮传》。
④ 林梅村：《汉唐西域与中国文明》，文物出版社1998年版，第314页。
⑤ [美]爱德华·谢弗：《唐代的外来文明》，吴玉贵译，中国社会科学出版社1995年版，第343页。
⑥ 沈光耀：《中国古代对外贸易史》，广东人民出版社1985年版，第139~140页。

是消费和使用香料最多的地方之一,又是香料贸易异常活跃的地方。岭南地区所生产的香料,不仅输入内地和中原地区,也与东南亚地区的香料一起,出口到印度、中东、埃及和西方等许多地区。南越王墓乳香的出土,只是显露出汉代岭南地区活跃的香料贸易活动的冰山一角。我们相信,随着考古工作的深入开展,一定会有更多的香料文物重见天日,一定会使我们对汉代岭南地区的香料贸易活动有更深刻、更全面的认识和了解。

参考文献

一、古籍类

（春秋·鲁）左丘明：《左传》。

（春秋·鲁）左丘明：《国语》。

（西汉）司马迁：《史记》。

（西汉）刘安等：《淮南子》。

（西汉）桓宽：《盐铁论》。

（东汉）班固：《汉书》。

（东汉）赵晔：《吴越春秋》。

（西晋）陈寿：《三国志》。

（南朝·宋）范晔：《后汉书》。

（北魏）杨衒之：《洛阳伽蓝记》。

（唐）房玄龄：《晋书》。

（唐）徐坚：《初学记》，北京：中华书局，2004年。

（唐）欧阳修等：《艺文类聚》，上海：上海古籍出版社，1982年。

（北宋）李昉：《太平御览》，北京：中华书局，1982年。

（清）孙星衍、孙冯翼辑：《神农本草经》，丛书集成初编，北京：中华书局，1985年。

（清）顾炎武：《历代宅京记》，北京：中华书局，1984年。

李育中等注：《广东新语注》，广州：广东人民出版社，1991年。

《十三经注疏》（上、下），上海：上海古籍出版社，2007年。

《全后汉文》，北京：商务印书馆，1999年。

二、论文类

广东省文物考古研究所：《广东博罗银岗遗址发掘简报》，《考古》，1998年第7期。

麦英豪：《广州东郊罗冈秦墓发掘简报》，《文物》，1962年第8期。

广东省博物馆　曾广亿：《广东南海汉墓发掘简报》，《文物资料丛刊》第4期，北京：文物出版社，1981年。

黄淼章：《广州瑶台柳园岗西汉墓群发掘纪要》，《穗港汉墓出土文物》，1983年香港出版。

考古研究所沣西发掘队：《1955—57年陕西长安沣西发掘简报》，《考古》，1959年第10期。

宁夏文物考古研究所等：《宁夏同心倒墩子匈奴墓地》，《考古学报》，1988年第3期。

伊克昭盟文物工作站：《内蒙古东胜市碾房渠发现金银器窖藏》，《考古》，1991年第5期。

田广金：《近年来内蒙古地区的匈奴考古》，《考古学报》，1983年第1期。

张增祺、王大道：《云南江川李家山古墓群发掘报告》，《考古学报》，1975年第2期。

广西壮族自治区文物工作队：《平乐银山岭战国墓》，《考古学报》，1978年第3期。

广西壮族自治区文物工作队：《广西贵县罗泊湾一号墓发掘简报》，《文物》，1978年第9期。

广西壮族自治区文物工作队：《广西贵县罗泊湾二号汉墓》，《考古》，1982年第4期。

广西壮族自治区文物工作队：《广西贺县金钟一号墓》，《考古》，1986年第3期。

北京市文物管理处：《北京市平谷县发现商代墓葬》，《文物》，1977年第11期。

李正德等：《西安汉上林苑发现的马蹄金和麟趾金》，《文物》，1977年第11期。

湖南省博物馆等：《马王堆二、三号汉墓发掘简报》，《文物》，1974年第7期。

于城:《古百越族的变迁》,《岭南文史》,1983年2期

陈元甫:《绍兴袍谷战国遗址发掘进一步推动越文化研究》,《中国文物报》,2003年11月14日。

陈平:《试论战国型秦兵的年代及有关问题》,《中国考古学研究论集——纪念夏鼐先生考古五十周年》,西安:三秦出版社,1987年。

俞伟超、信立祥:《孔望山摩崖造像的年代考察》,《文物》,1981年第7期。

李陈奇:《蒜头壶考略》,《文物》,1985年第4期。

麦英豪:《西汉南越王墓随葬遗物的诸文化因素》,香港博物馆编《岭南古越族文化论文集》,香港市政局出版,1993年。

叶小燕:《试论巴蜀文化的铜器——兼论巴蜀与中原的关系》,《中国考古学研究——夏鼐先生考古五十年纪念论文集(二集)》,北京科学出版社,1986年。

乌恩:《中国北方青铜透雕带饰》,《考古学报》,1983年第1期。

俞伟超:《东汉佛教图像考》,《文物》,1980年第5期。

张增祺:《云南青铜时代的"动物纹"牌饰及北方草原文化遗物》,《考古》,1987年第9期。

张增祺:《战国至西汉时期滇池区域发现的西亚文物》,《思想战线》,1982年第2期。

孙机:《我国古代的带具》,文物出版社编辑部编《文物与考古论集》,1986年。

李零:《论中国的有翼神兽》,《中国学术》,2001年第1期。

张光直:《中国文明的形成及其在世界文明史上的地位》,《燕京学报》新六期,1999年5月。

黄展岳:《铜提筒考略》,《考古》,1980年第9期。

蒋廷瑜:《贵县罗泊湾汉墓墓主族属的再分析》,《学术论坛》,1987年第1期。

蓝日勇:《试论罗泊湾一号墓墓主身份及族属》,《广西民族研究》,1986年第2期。

安志敏:《金版与金饼——楚、汉金币及其有关问题》,《考古学报》,1973年第2期。

殷涤非等:《寿县出土的"鄂君启金节"》,《文物》,1958年第9期

流火:《铜龙节》,《文物》,1960年第8、9期。

唐兰:《王命传考》,《国学季刊》,1941年6卷4号。

刘逖:《我国古代传统治边思想初探》,马大正主编《中国古代边疆政策研究》,北京:

中国社会科学出版社，1990年。

张荣芳、周永卫：《汉代徐闻与海上交通》，《中山大学学报》，2002年第3期。

周永卫：《西汉前期的蜀商在中外文化交流史上的贡献》，《史学月刊》，2004年第9期。

周永卫：《南越王墓银盒舶来路线考》，《考古与文物》，2004年第1期。

余天炽：《南越国的官制沿革初探》，《学术研究》，1986年第3期。

费孝通：《关于我国民族识别问题》，《中国社会科学》，1980年第1期。

童恩正：《试论我国从东北至西南的边地半月形文化传播带》，《文物与考古论集》，北京：文物出版社，1987年。

童恩正：《古代中国与印度交通的考古学研究》，《考古》，1999年第4期。

童恩正：《试谈古代四川与东南亚文明的关系》，《文物》，1983年第9期。

饶宗颐：《由出土银器论中国与波斯、大秦早期之交通》，《华学》第5辑，广州：中山大学出版社，2001年。

徐苹芳：《考古学上所见中国境内的丝绸之路》，《燕京学报》新一期，1995年。

作铭：《我国出土的蚀花肉红石髓珠》，《考古》，1974年第6期。

贺昌群：《汉代以后中国人对于世界地理知识之演进》，《贺昌群史学论著选》，北京：中国社会科学出版社，1985年。

汪宁生：《试论石寨山文化》，《中国考古学第一次年会论文集1979》，文物出版社，1980年。

广西壮族自治区博物馆：《古代铜鼓学术讨论会纪要》，《古代铜鼓学术讨论会论文集》，文物出版社，1982年。

李伟卿：《铜鼓船纹的再探索》，《中国铜鼓研究会第二次学术讨论会论文集》，文物出版社，1986年。

李家瑞：《古代云南用贝币的大概情形》，《历史研究》，1956年第9期。

方国瑜：《云南用贝作货币的时代及贝的来源》，《云南社会科学》，1981年第1期。

江应樑：《云南用贝考》，《西南边疆民族论丛》，珠海大学出版，1948年。

岑蕊：《试论东汉魏晋墓葬中的多面金珠用途及其源流》，《考古与文物》，1990年第3期。

齐东方：《中国早期金银器研究》，《华夏考古》，1999年第4期。

贾峨：《说汉唐间百戏中的"象舞"——兼谈"象舞"与佛教"行像"活动及海上丝路的关系》，《文物》，1982年第9期。

陈竺同：《汉魏以来海外输入奇香考》，《南洋研究》，1936年第6卷第2期。

王鞠侯：《南海输入香料品类考》，《南洋研究》，1941年第9卷第4期。

陈连庆：《汉晋之际输入中国的香料》，载《中国古代史研究》，长春：吉林文史出版社1991年。

吴焯：《汉代人焚香为佛家礼仪说——兼论佛教在中国南方的早期传播》，《西北第二民族学院学报》（哲学社会科学版），1999年第3期。

三、专著论文集类

广州市文物管理委员会等编：《西汉南越王墓》（上、下），北京：文物出版社，1991年。

广州市文物管理委员会等编：《广州汉墓》（上、下），北京：文物出版社，1981年。

麦英豪：《广州秦汉考古三大发现》，广州：广州出版社，1999年。

张荣芳、黄淼章：《南越国史》，广州：广东人民出版社，1995年。

张荣芳：《秦汉史论集》，广州：中山大学出版社，1995年。

《广州市文物志》编委会：《广州市文物志》，广州：岭南美术出版社，1990年。

中国社会科学院考古研究所：《新中国考古发现和研究》，北京：文物出版社，1984年。

文物编辑委员会：《文物考古工作十年（1979~1989）》，北京：文物出版社，1990年。

湖南省博物馆等：《长沙马王堆一号汉墓》，北京：文物出版社，1973年。

云南省博物馆：《云南晋宁石寨山古墓群发掘报告》，北京：文物出版社，1959年。

广西壮族自治区博物馆：《广西贵县罗泊湾汉墓》，北京：文物出版社，1988年。

中国社科院考古研究所等：《满城汉墓发掘报告》，北京：文物出版社，1980年。

湖南省博物馆等：《长沙马王堆一号汉墓发掘简报》，北京：文物出版社1973年。

湖北省博物馆：《曾侯乙墓》，北京：文物出版社，1989年。

陕西省地方志编纂委员会编：《陕西省志·文物志》，西安：三秦出版社，1995年。

中国历史博物馆：《华夏文明史图鉴》第二卷，朝华出版社，2002年。

日本东京国立博物馆：《东洋美术一五〇选》，1998年。

王克荣、邱钟仑、陈远璋：《广西左江岩画》，北京：文物出版社，1988年。

中国古代铜鼓研究会：《中国古代铜鼓》，北京：文物出版社，1988年。

彭适凡：《中国南方古代印纹陶》，北京：文物出版社，1987年。

周振鹤主编：《中国历史文化区域研究》，上海：复旦大学出版社，1997年。

马承源主编：《中国青铜器》，上海：上海古籍出版社，1988年。

广东省博物馆、曲江县博物馆：《纪念马坝人化石发现三十周年论文集》，北京：文物出版社，1988年。

广州市博物馆：《镇海楼论稿——广州博物馆成立七十周年纪念》，广州：岭南美术出版社，1999年。

《临淄文物志》编辑组：《临淄文物志》，中国友谊出版公司，1990年。

张正明：《楚文化史》，上海：上海人民出版社，1991年。

[越] 陶维英：《越南历代疆域》，钟民岩译，北京：商务印书馆，1973年。

孙机：《汉代物质文化资料图说》，北京：文物出版社，1991年。

孙机：《中国圣火——中国古文物与东西文化交流中的若干问题》，沈阳：辽宁教育出版社，1996年。

蒋宝德、李鑫生主编：《中国地域文化》，济南：山东美术出版社，1998年。

冯汉骥：《冯汉骥考古学论文集》，北京：文物出版社1985年。

冯天瑜：《中国文化史纲》，北京：北京语言学院出版社，1994年。

冯天瑜、何晓明、周积明：《中国文化史》，上海：上海人民出版社，1990年。

李学勤：《东周与秦代文明》(增订本)，北京：文物出版社，1991年。

李学勤：《比较考古学随笔》，桂林：广西师范大学出版社，1997年。

李学勤：《缀古集》，上海：上海古籍出版社，1998年。

侯甬坚：《区域历史地理的空间发展过程》，西安：陕西人民教育出版社，1995年。

谭其骧主编：《中国历代地理学家评传·司马迁》，济南：山东教育出版社，1990年。

卢云：《汉晋文化地理》，西安：陕西教育出版社，1991年。

黄留珠：《秦汉历史文化论稿》，西安：三秦出版社，2002年。

黄展岳：《中国古代的人牲人殉》，北京：文物出版社，1990年。

王学理、尚志儒、呼林贵等：《秦物质文化史》，西安：三秦出版社，1994年。

王学理、梁云：《秦文化》，北京：文物出版社，2001年。

王子今：《秦汉区域文化研究》，成都：四川人民出版社，1998年。

江玉祥：《古代西南丝绸之路研究》，成都：四川大学出版社，1995年。

徐中舒：《论巴蜀文化》，成都：四川人民出版社，1981年。

陈寅恪：《寒柳堂集》，上海：上海古籍出版社，1980年。

陈直：《摹庐丛著七种》，济南：齐鲁书社1981年版。

云南省社会科学院历史研究所：《中国西南文化研究（2）》，昆明：云南民族出版社1997年版。

蒙文通：《古地甄微》，成都：巴蜀书社，1998年。

林幹：《匈奴通史》，北京：人民出版社，1986年。

林惠祥：《中国民族史》，上海：上海文艺出版社，1990年影印本。

林梅村：《汉唐西域与中国文明》，北京：文物出版社，1998年。

陆韧：《云南对外交通史》，昆明：云南民族出版社，1997年。

《劳榦学术论文集》（甲编）（上、下），台北：艺文印书馆，1976年。

《中国大百科全书·考古学》，北京：中国大百科全书出版社，1986年。

刘纬毅：《汉唐方志辑佚》，北京：北京图书馆出版社，1997年。

杨宽：《西周史》，上海：上海人民出版社，1999年。

（清）梁廷枏等著，杨伟群校点：《南越五主传及其它七种》，广州：广东人民出版社，1982年。

杨宝霖：《自力斋文史农史论文选集》，广州：广东高等教育出版社，1993年。

杨琮：《闽越国文化》，福州：福建人民出版社，1998年。

沈光耀：《中国古代对外贸易史》，广州：广东人民出版社，1985年。

[法] L.布尔努瓦：《丝绸之路》，耿昇译，乌鲁木齐：新疆人民出版社，1982年。

[法] 戈岱司编：《希腊拉丁作家远东古文献辑录》，耿昇译，北京：中华书局，1987年。

[日]藤田丰八:《中国古代南海交通丛考》,何健民译,北京:商务印书馆,1936年。

[美]罗伯特·路威:《文明与野蛮》,吕叔湘译,北京:生活·读书·新知三联书店,1984年。

[美]爱德华·谢弗:《唐代的外来文明》,吴玉贵译,北京:中国社会科学出版社,1995年。

[德]夏德:《大秦国全录》,朱杰勤译,北京:商务印书馆,1964年。

J. Innes Miller (1969), The Spice Trade of the Roman Empire (29B.C. To A.D.641), Oxford: at the Clarendon Press.

Yu, Ying-shih (1967), Trade and Expansion in Han China, Berkeley and Los Angeles.

附录一：《史记·南越列传》

（西汉）司马迁

南越王尉佗者，真定人也，姓赵氏。秦时已并天下，略定杨越，置桂林、南海、象郡，以谪徙民，与越杂处十三岁。佗，秦时用为南海龙川令。至二世时，南海尉任嚣病且死，召龙川令赵佗语曰："闻陈胜等作乱，秦为无道，天下苦之，项羽、刘季、陈胜、吴广等州郡各共兴军聚众，虎争天下，中国扰乱，未知所安，豪杰畔秦相立。南海僻远，吾恐盗兵侵地至此，吾欲兴兵绝新道，自备，待诸侯变，会病甚。且番禺负山险，阻南海，东西数千里，颇有中国人相辅，此亦一州之主也，可以立国。郡中长吏无足与言者，故召公告之。"即被佗书，行南海尉事。嚣死，佗即移檄告横浦、阳山、湟谿关曰："盗兵且至，急绝道聚兵自守！"因稍以法诛秦所置长吏，以其党为假守。秦已破灭，佗即击并桂林、象郡，自立为南越武王。高帝已定天下，为中国劳苦，故释佗弗诛。汉十一年，遣陆贾因立佗为南越王，与剖符通使，和集百越，毋为南边患害，与长沙接境。

高后时，有司请禁南越关市铁器。佗曰："高帝立我，通使物，今高后听谗臣，别异蛮夷，隔绝器物，此必长沙王计也，欲倚中国，击灭南越而并王之，自为功也。"于是佗乃自尊号为南越武帝，发兵攻长沙边邑，败数县而去焉。高后遣将军隆虑侯灶往击之。会暑湿，士卒大疫，兵不能逾岭。岁余，高后崩，即罢兵。佗因此以兵威边，财物赂遗闽越、西瓯、骆，役属焉，东西万馀里。乃乘黄屋左纛，称制，与中国侔。

及孝文帝元年，初镇抚天下，使告诸侯四夷从代来即位意，喻盛德焉。

乃为佗亲冢在真定，置守邑，岁时奉祀。召其从昆弟，尊官厚赐宠之。诏丞相陈平等举可使南越者，平言好畤陆贾，先帝时习使南越。乃召贾以为太中大夫，往使。因让佗自立为帝，曾无一介之使报者。陆贾至南越，王甚恐，为书谢，称曰："蛮夷大长老夫臣佗，前日高后隔异南越，窃疑长沙王谗臣，又遥闻高后尽诛佗宗族，掘烧先人冢，以故自弃，犯长沙边境。且南方卑湿，蛮夷中间，其东闽越千人众号称王，其西瓯骆裸国亦称王。老臣妄窃帝号，聊以自娱，岂敢以闻天王哉！"乃顿首谢，原长为藩臣，奉贡职。于是乃下令国中曰："吾闻两雄不俱立，两贤不并世。皇帝，贤天子也。自今以后，去帝制黄屋左纛。"陆贾还报，孝文帝大说。遂至孝景时，称臣，使人朝请。然南越其居国窃如故号名，其使天子，称王朝命如诸侯。至建元四年卒。

佗孙胡为南越王。此时闽越王郢兴兵击南越边邑，胡使人上书曰："两越俱为藩臣，毋得擅兴兵相攻击。今闽越兴兵侵臣，臣不敢兴兵，唯天子诏之。"于是天子多南越义，守职约，为兴师，遣两将军往讨闽越。兵未逾岭，闽越王弟余善杀郢以降，于是罢兵。

天子使庄助往谕意南越王，胡顿首曰："天子乃为臣兴兵讨闽越，死无以报德！"遣太子婴齐入宿卫。谓助曰："国新被寇，使者行矣。胡方日夜装入见天子。"助去后，其大臣谏胡曰："汉兴兵诛郢，亦行以惊动南越。且先王昔言，事天子期无失礼，要之不可以说好语入见。入见则不得复归，亡国之势也。"于是胡称病，竟不入见。后十余岁，胡实病甚，太子婴齐请归。胡薨，谥为文王。

婴齐代立，即藏其先武帝玺。婴齐其入宿卫在长安时，取邯郸樛氏女，生子兴。及即位，上书请立樛氏女为后，兴为嗣。汉数使使者风谕婴齐，婴齐尚乐擅杀生自恣，惧入见要用汉法，比内诸侯，固称病，遂不入见。遣子次公入宿卫。婴齐薨，谥为明王。

太子兴代立，其母为太后。太后自未为婴齐姬时，尝与霸陵人安国少季通。及婴齐薨后，元鼎四年，汉使安国少季往谕王、王太后以入朝，比内诸侯；令辩士谏大夫终军等宣其辞，勇士魏臣等辅其缺，卫尉路博德将兵屯桂阳，待使者。王年少，太后中国人也，尝与安国少季通，其使复私焉。国人颇知之，多不附太后。太后恐乱起，亦欲倚汉威，数劝王及群臣求内属。即因使者上书，请比内诸侯，三岁一朝，除边关。于是天子许之，赐其丞相吕嘉银印，及内史、中尉、太傅印，馀得自置。除其故黥劓刑，用汉法，比内诸侯。使者皆留填抚之。王、王太后饬治行装重赍，为入朝具。

其相吕嘉年长矣，相三王，宗族官仕为长吏者七十余人，男尽尚王女，女尽嫁王子兄弟宗室，及苍梧秦王有连。其居国中甚重，越人信之，多为耳目者，得众心愈于王。王之上书，数谏止王，王弗听。有畔心，数称病不见汉使者。使者皆注意嘉，势未能诛。王、王太后亦恐嘉等先事发，乃置酒，介汉使者权，谋诛嘉等。使者皆东乡，太后南乡，王北乡，相嘉、大臣皆西乡，侍坐饮。嘉弟为将，将卒居宫外。酒行，太后谓嘉曰："南越内属，国之利也，而相君苦不便者，何也？"以激怒使者。使者狐疑相杖，遂莫敢发。嘉见耳目非是，即起而出。太后怒，欲纵嘉以矛，王止太后。嘉遂出，分其弟兵就舍，称病，不肯见王及使者。乃阴与大臣作乱。王素无意诛嘉，嘉知之，以故数月不发。太后有淫行，国人不附，欲独诛嘉等，力又不能。

天子闻嘉不听王，王、王太后弱孤不能制，使者怯无决。又以为王、王太后已附汉，独吕嘉为乱，不足以兴兵，欲使庄参以二千人往使。参曰："以好往，数人足矣；以武往，二千人无足以为也。"辞不可，天子罢参也。郏壮士故济北相韩千秋奋曰："以区区之越，又有王、太后应，独相吕嘉为害，原得勇士二百人，必斩嘉以报。"于是天子遣千秋与王太后弟樛乐将二千人往，入越境。吕嘉等乃遂反，下令国中曰："王年少。太后，中国人也，又与使者乱，专欲内属，尽持先王宝器入献天子以自媚，多从人，行至长安，虏卖以为僮仆。取自脱一时之利，无顾赵氏社稷，为万世虑计之意。"乃与其弟将卒攻杀王、太后及汉使者。遣人告苍梧秦王及其诸郡县，立明王长男越妻子术阳侯建德为王。而韩千秋兵入，破数小邑。其后越直开道给食，未至番禺四十里，越以兵击千秋等，遂灭之。使人函封汉使者节置塞上，好为谩辞谢罪，发兵守要害处。于是天子曰："韩千秋虽无成功，亦军锋之冠。"封其子延年为成安侯。樛乐，其姊为王太后，首愿属汉，封其子广德为龙亢侯。乃下赦曰："天子微，诸侯力政，讥臣不讨贼。今吕嘉、建德等反，自立晏如，令罪人及江淮以南楼船十万师往讨之。"

元鼎五年秋，卫尉路博德为伏波将军，出桂阳，下汇水；主爵都尉杨仆为楼船将军，出豫章，下横浦；故归义越侯二人为戈船、下厉将军，出零陵，或下离水，或抵苍梧；使驰义侯因巴蜀罪人，发夜郎兵，下牂柯江；咸会番禺。

元鼎六年冬，楼船将军将精卒先陷寻陕，破石门，得越船粟，因推而前，挫越锋，以数万人待伏波。伏波将军将罪人，道远，会期后，与楼船会乃有千馀人，遂俱进。楼船居前，至番禺。建德、嘉皆城守。楼船自择便处，居东南面；伏波居西北面。会暮，楼船攻败越人，纵火烧城。越素闻伏波名，日暮，不知其兵多少。伏波乃为营，遣使者招降者，赐印，复纵令相招。楼船力攻烧敌，反驱而入伏波营中。犁旦，城中皆降伏波。吕嘉、建德已夜与其属数百人亡入海，以船西去。伏波又因问所得降者贵人，以知吕嘉所之，遣人追之。以其故校尉司马苏弘得建德，封为海常侯；越郎都稽得嘉，封为临蔡侯。

苍梧王赵光者，越王同姓，闻汉兵至，及越揭阳令定自定属汉；越桂林监居翁谕瓯骆属汉：皆得为侯。戈船、下厉将军兵及驰义侯所发夜郎兵未下，南越已平矣。遂为九郡。伏波将军益封。楼船将军兵以陷坚为将梁侯。

自尉佗初王后，五世九十三岁而国亡焉。

太史公曰：尉佗之王，本由任嚣。遭汉初定，列为诸侯。隆虑离湿疫，佗得以益骄。瓯骆相攻，南越动摇。汉兵临境，婴齐入朝。其后亡国，征自樛女；吕嘉小忠，令佗无后。楼船从欲，怠傲失惑；伏波困穷，智虑愈殖，因祸为福。成败之转，譬若纠墨。

附录二：《汉书·西南夷两粤朝鲜传》（节选）

（东汉）班固

南粤王赵佗，真定人也。秦并天下，略定扬粤，置桂林、南海、象郡，以適徙民与粤杂处。十三岁，至二世时，南海尉任嚣病且死，召龙川令赵佗语曰："闻陈胜等作乱，豪桀叛秦相立，南海辟远，恐盗兵侵此。吾欲兴兵绝新道，自备侍诸侯变，会疾甚。且番禺负山险阻，南北东西数千里，颇有中国人相辅，此亦一州之主，可为国。郡中长吏亡足与谋者，故召公告之。"即被佗书，行南海尉事。嚣死，佗即移檄告横浦、阳山、湟谿关曰："盗兵且至，急绝道聚兵自守。"因稍以法诛秦所置吏，以其党为守假。秦已灭，佗即击并桂林、象郡，自立为南粤武王。

高帝已定天下，为中国劳苦，故释佗不诛。十一年，遣陆贾立佗为南粤王，与部符通使，使和辑百粤，毋为南边害，与长沙接境。

高后时，有司请禁粤关市铁器。佗曰："高皇帝立我，通使物，今高后听谗臣，别异蛮夷，鬲（隔）绝器物，此必长沙王计，欲倚中国，击灭南海并王之，自为功也。"于是佗乃自尊号为南武帝，发兵攻长沙边，败数县焉。高后遣将军隆虑侯灶击之，会暑湿，士卒大疫，兵不能逾领。岁余，高后崩，即罢兵。佗因此以兵威财物赂遗闽粤、西瓯骆，役属焉。东西万余里。乃乘黄屋左纛，称制，与中国侔。

文帝元年，初镇抚天下，使告诸侯四夷从代来即位意，谕盛德焉。乃为佗亲冢在真定置守邑，岁时奉祀。召其从昆弟，尊官厚赐宠之。召丞相平举可使粤者，平言陆贾先帝时使粤。上召贾为太中大夫，谒者一人为副使，赐佗书曰："皇帝谨问南粤王，甚苦心劳意。朕，高皇帝侧室之子，弃外奉北藩于代，道里辽远，壅蔽朴愚，未尝致书。高皇帝弃群臣，孝惠皇帝即世，高后自临事，不幸有疾，日进不衰，以故悖暴乎治。诸吕为变故乱法，不能独制，乃取它姓子为孝惠皇帝嗣。赖宗庙之灵，功臣之力，诛之已毕。朕以王侯吏不释之故，不得不立，今即位。乃者闻王遗将军隆虑侯书，求亲昆弟，请罢长沙两将军。朕以王书罢将军博阳侯，亲昆弟在真定者，已遣人存问，修治先人冢。前日闻王发兵于边，为寇灾不止。当其时，长沙苦之，南郡尤甚，虽王之国，庸独利乎！必多杀士卒，伤良将吏，寡人之妻，孤人之子，独人父母，得一亡十，朕不忍为也。朕欲定地犬牙相入者，以问吏，吏曰'高皇帝所以介长沙土也'，朕不得擅变焉。吏曰：'得王之地不足以为大，得王之财不足以为富，服领以南，王自治之。'虽然，王之号为帝。两帝并立，亡一乘之使以通其道，是争也；争而不让，仁者不为也。愿与王分弃前恶，终今以来，通使如故。故使贾驰谕告王朕意，王亦受之，毋为寇灾矣。上褚五十衣，中褚三十衣，下褚二十衣，遗王。愿王听乐娱忧，存问邻国。"

陆贾至，南粤王恐，乃顿首谢，愿奉明诏，长为藩臣，奉贡职。於是下令国中曰："吾闻两雄不俱立，两贤不并世。汉皇帝贤天子。自今以来，去帝制黄屋左纛。"因为书称："蛮夷大长老夫臣佗昧死再拜上书皇帝陛下：老夫故粤吏也，高皇帝幸赐臣佗玺，以为南粤王，使为外臣，时内贡职。孝惠皇帝即位，义不忍绝，所以赐老夫者厚甚。高后自临用事，近细士，信谗臣，别异蛮夷，出令曰：'毋予蛮夷外粤金铁田器；马、牛、羊即予，予牡，毋与牝。'老夫处辟，马、牛、羊齿已长，自以祭祀不修，有死罪，使内史藩、中尉高、御史平凡三辈上书谢过，皆不反。又风闻老夫父母坟墓已坏削，兄弟宗族已诛论。吏相与议曰：'今内不得振于汉。外亡以自高异。'故更号为帝，自帝其国，非敢有害于天下也。高皇后闻之大怒，削去南粤之籍，使使不通。老夫窃疑长沙王谗臣，故敢发兵以伐其边。且南方卑湿，蛮夷中西有西瓯，其众半羸，南面称王；东有闽粤，其众数千人，亦称王；西北有长沙，其半蛮夷，亦称王。老夫故敢妄窃帝号，聊以自娱。老夫身定百邑之地，东西南北数千万里，带甲百万有余，然北面而臣事汉，何也？不敢背先人之故。老夫处粤四十九年，于今抱孙焉。然夙兴夜寐，寝不安席，食不甘味，目不视靡曼之色，耳不听钟鼓之音者，以不得事汉也。今陛下幸哀怜，复故号，通使汉如故。老夫死骨不腐，改号不敢为帝矣！谨北面因使者献白璧一双，翠鸟千，犀角十，紫贝五百，桂蠹一器，生翠四十双，孔雀二双。昧死再拜，以闻皇帝陛下。"

陆贾还报，文帝大说。遂至孝景时，称臣遣使入朝请。然其居国，窃如故号；其使天子，称王朝命如诸侯。

至武帝建元四年，佗孙胡为南粤王。立三年，闽粤王郢兴兵南击边邑。粤使人上书曰："两粤俱为藩臣，毋擅兴兵相攻击。今东粤擅兴兵侵臣，臣不敢兴兵，唯天子诏之。"于是天子多南粤义，守职约，为兴师，遣两将军往讨闽粤。兵未逾领，闽粤王弟馀善杀郢以降，于是罢兵。

天子使严助往谕意，南粤王胡顿首曰："天子乃兴兵诛闽粤，死亡以报德！"遣太子婴齐入宿卫。谓助曰："国新被寇，使者行矣。胡方日夜装入见天子。"助去后，其大臣谏胡曰："汉兴兵诛郢，亦行以惊动南粤。且先王言事天子期毋失礼，要之不可以怵好语入见。入见则不得复归，亡国之势也。"于是胡称病，竟不入见。后十余岁，胡实病甚，太子婴齐请归。胡薨，谥曰文王。

婴齐嗣立，即臧其先武帝、文帝玺。婴齐在长安时，取邯郸摎氏女，生子兴。及即位，上书请立摎氏女为后，兴为嗣。汉数使使者风谕，婴齐犹尚乐擅杀生自恣，惧入见，要以用汉法，比内诸侯，固称病，遂不入见。遣子次公入宿卫。婴齐薨，谥曰明王。

太子兴嗣立，其母为太后。太后自未为婴齐妻时，曾与霸陵人安国少季通。及婴齐薨后，元鼎四年，汉使安国少季谕王、王太后入朝，令辩士谏大夫终军等宣其辞，勇士魏臣等辅其决，卫尉路博德将兵屯桂阳，待使者。王年少，太后中国人，安国少季往，复与私通，国人颇知之，多不附太后。太后恐乱起，亦欲倚汉威，劝王及幸臣求内属。即因使者上书，请比内诸侯，三岁壹朝，除边关。于是天子许之，赐其丞相吕嘉银印，及内史、中尉、太傅印，余得自置。除其故黥、劓刑，用汉法。诸使者皆留填抚之。王、王太后饬治行装重赍，为入朝具。

相吕嘉年长矣，相三王，宗族官贵为长吏七十余人，男尽尚王女，女尽嫁王子弟宗室，及苍梧秦王有连。其居国中甚重，粤人信之，多为耳目者，得众心愈於王。王之上书，数谏止王，王不听。有畔心，数称病不见汉使者。使者注意嘉，埶（势）未能诛。王、王太后亦恐嘉等先事发，欲介使者权，谋诛嘉等。置酒请使者，大臣皆侍坐饮。嘉弟为将，将卒居宫外。酒行，太后谓嘉："南粤内属，国之利，而相君苦不便者，何也？"以激怒使者。使者狐疑相杖，遂不敢发。嘉见耳目非是，即趋出。太后怒，欲钑嘉以矛，王止太后。嘉遂出，介弟兵就舍，称病，不肯见王及使者。乃阴谋作乱。王素亡意诛嘉，嘉知之，以故数月不发。太后独欲诛嘉等，力又不能。

天子闻之，罪使者怯亡决。又以为王、王太后已附汉，独吕嘉为乱，不足以兴兵，欲使庄参以二千人往。参曰："以好往，数人足；以武往，二千人亡足以为也。"辞不可，天子罢参兵。郏壮士故济北相韩千秋奋曰："以区区粤，又有王应，独相吕嘉为害，愿得勇士三百人，必斩嘉以报。"於是天子遣千秋与王太后弟摎乐将二千人往。入粤境，吕嘉乃遂反，下令国中曰："王年少。太后中国人，又与使者乱，专欲内属，尽持先王宝入献天子以自媚，多从人，行至长安，虏卖以为僮。取自脱一时利，亡顾赵氏社稷为万世虑之意。"乃与其弟将卒攻杀太后、王，尽杀汉使者。遣人告苍梧秦王及其诸郡县，立明王长男粤妻子术阳侯建德为王。而韩千秋兵之入也，破数小邑。其后粤直开道，给食，未至番禺四十里，粤以兵击千秋等，灭之。使人函封汉使节置塞上，好为谩辞谢罪，发兵守要害处。於是天子曰："韩千秋虽亡成功，亦军锋之冠。封其子延年为成安侯。摎乐，其姊为王太后，首愿属汉，封其子广德为龑（龙）侯。"乃赦天下，曰："天子微弱，诸侯力政，讥臣不讨贼。吕嘉、建德等反，自立晏如，令粤人及江淮以南楼船十万师往讨之。"

元鼎五年秋，卫尉路博德为伏波将军，出桂阳，下湟水；主爵都尉杨仆为楼船将军，出豫章，下横浦；故归义粤侯二人为戈船、下濑将军，出零陵，或下离水，或抵苍梧；使驰义侯因巴、蜀罪人，发夜郎兵，下牂柯江；咸会番禺。

六年冬，楼船将军将精卒先陷寻陿，破石门，得粤船粟，因推而前，挫粤锋，以粤数万人待伏波将军。伏波将军将罪人，道远后期，与楼船会乃有千余人，遂俱进。楼船居前，至番禺，建德、嘉皆城守。楼船自择便处，居东南面，伏波居西北面。会暮，楼船攻败粤人，纵火烧城。粤素闻伏波，莫，不知其兵多少。伏波乃为营，遣使招降者，赐印绶，复纵令相招。楼船力攻烧敌，反驱而入伏波营中。迟旦，城中皆降伏波。吕嘉、建德以夜与其属数百人亡入海。伏波又问降者，知嘉所之，遣人追。故其校司马苏弘得建德,为海常侯;粤郎都稽得嘉,为临蔡侯。

苍梧王赵光与粤王同姓,闻汉兵至,降,为随桃侯。及粤揭阳令史定降汉,为安道侯。粤将毕取以军降,为瞭侯。粤桂林,监居翁谕告瓯骆四十余万口降,为湘城侯。戈船、下濑将军兵及驰义侯所发夜郎兵未下,南粤已平。遂以其地为儋耳、珠崖、南海、苍梧、郁林、合浦、交阯、九真、日南九郡。伏波将军益封。楼船将军以推锋陷坚为将梁侯。

自尉佗王凡五世,九十三岁而亡。